그들도 처음에는 평범했다

그들도 처음에는 평범했다

초판 1쇄 인쇄 2023년 06월 23일
초판 1쇄 발행 2023년 06월 30일

글 제임스 알투처 **옮김** 홍석윤

펴낸이 이상순 **주간** 서인찬 **영업지원** 권은희 **제작이사** 이상광

펴낸곳 (주)도서출판 아름다운사람들
주소 (10881) 경기도 파주시 회동길 103
대표전화 (031) 8074-0082 **팩스** (031) 955-1083
이메일 books777@naver.com **홈페이지** www.book114.kr

ISBN 978-89-6513-786-3 03190

이 도서의 국립중앙도서관 출판예정도서목록(CIP)은
서지정보유통지원시스템(http://seoji.nl.go.kr)과 국가자료종합목록구축시스템(http://kolis-net.nl.go.kr)
에서이용하실 수 있습니다. (CIP제어번호 : CIP2020015868)

파본은 구입하신 서점에서 교환해 드립니다.

성공한 3천 명을 인터뷰하고 깨달은
성공의 공식

제임스 알투처(James Altucher) 지음

홍석윤 옮김

아름다운사람들

내 인생은 끝장을 맞았다.

내 인생은 다시 한 번 끝장을 맞았다.

내 결혼 생활은 끝났다. 은행계좌는 막혔고, 내 책을 출판해주는 곳은 아무데도 없었다. 그 누구도 내게 기회를 주지 않았다. 새벽 3시에 잠이 깼지만 숨도 쉴 수 없었다. 아래층으로 내려가서 종이에 숫자를 적었다. 더하기도 하고 빼기도 하고 나누기도 하고, 뭐든지 다 한 것 같다. 하지만 생활이 가능할 만큼 돈을 벌 수도 없었다.

결국 마지못해 취직을 했다. 하지만 출퇴근하는 것이 싫었다. 함께 일했던 사람들과 잘 어울리지도 못했고, 그들도 나를 별로 좋아하지 않았던 것 같다. 일을 시작한 지 이틀째 되는 날 나는 넘어져서 다쳤다. 왜 넘어졌는지도 생각나지 않는다. 내가 탄 기차가 뉴욕시에서 북쪽으로 70마일 떨어진 마을로 들어설 무렵, 나는 너무 고통스러워서 걷지도 못할 지경이었다. 나이 많은 노인 부부가 나를 부축해 기차에서 내리게 해주었다. 창피했다. 그 직장을 그만두었다.

나는 다시 초단타 주식 거래를 시작했다. 별 재미는 보지 못했다. 어떤 날에는 많은 돈을 벌었지만 어떤 날은 손해를 보기도 했다. 나름 괜찮았지만 여전히 생활비가 부족했고 충분한 돈을 벌려면 어떻게 해야 할지 전혀 대책도 없었다. 그러는 동안 경력이 쌓여갔다. 회사를 창업하고 매각하기를 반복했다. 책도 썼다. 자금도 운용했다.

어느 날 더 이상 그런 삶을 견딜 수 없었다. 나 혼자였다. 너무 무서워서 몸이 떨렸다. 수영을 하기로 결심하고 동네 해변으로 산책을 갔다. 거기에는 아무도 없었다. 물속으로 걸어 들어갔다. '그대로 물에 잠기면 아마도 영원히 그곳에 떠 있겠지.'라고 생각했다. 숨조차 쉴 필요가 없다고 생각했다. 어두워질 때까지 수영을 했다. 그리고 집으로 돌아왔다.

나는 앉아서 인생을 살며 잘못한 모든 것을 쓰기 시작했다. 지나온 경력이 마음에 들지 않았다. 매일 내가 사랑하는 일을 해야겠다는 생각이 들었다. 살아오면서 이룩한 타인과의 관계도 마음에 들지 않았다. 친구도 별로 없었으니까.

평생을 창의적으로 살려고 노력했지만, 창의성 그 자체를 위해서라기보다는 돈을 벌 수 있는 일에만 창의성을 억지로 적용하려고 계속 노력했던 것 같다.

나는 내가 어설픈 아마추어라는 것을 깨달았다. 그동안 내가 아닌 척 행동하며 인생을 살았다. 변해야 했다. 그리고 그날부터 변하기 시작했다.

부와 명성, 삶을 모두 거머쥔 사람들을 하나둘 만났고 그들에게 물어보고 싶은 많을 것을 물어보고 그들을 통해 배웠다.

유전자 안에는 재창조라는 기질이 있다. 그러나 그 기질은 종종 우리를 표준화시키려는 것들에 의해 억압되어왔다. 그래서 서로를 따라 하다 보니 쉽게 대체될 수 있는 존재가 되었다. 우리는 우리 삶에서 소외되고 있다.

하지만…,

이제 삶이 바뀌고 있다. 경제가 변하고 있다. 스스로 변화해서 원하는 삶을 살기 위한 가장 절호의 기회가 바로 지금 일어나고 있다. 이 기회를 주도할 수 있도록 자신을 재창조해야 한다. 자신을 재창조 할 수 있는 가장 현실적이고 확실한 방정식이 있다.

자신을 재창조하려면 다음과 같은 간단한 방정식의 변수를 알아내야 한다.

더하기(Plus): 우리가 배우는 사람들은 누구인가?

등식(Equal): 우리에게 도전을 부여하는 사람들은 누구인가?

빼기(Minus): 우리가 가르치고 정보를 공유하고 영향을 줄 사람들은 누구인가?

삶을 결정짓는 덧셈, 뺄셈, 등식의 명쾌한 방정식을 어떻게 다루느냐에 따라 결국 앞으로 당신의 삶이 결정 될 것이다.

인생은 당신이 녹초가 될 때까지 끊임없이 괴롭힐 것이다. 그 모든 것들이 다 배움이 된다는 점을 안다면 당신은 인생의 프로다. 그래서 인생의 프로는 그럼에도 불구하고 매일아침 웃는다.

어설픈 아마추어는 마침내 매일 웃는 법을 배웠다. 그제야 인생의 프로가 되었다.

_ 제임스 알투처

차 례

2장

제대로 된 배움에는 반드시 부가 있다

1장

깨우침은 전적으로
관계를 개선하는것이다

1
최고 사진작가의
단 한 가지 조언, 연결능력

나는 사진 찍는 데는 소질이 없다. 내가 찍은 사진을 보면 토할 지경이다. 죽은 것처럼 보인다. 사진을 잘 찍을 수 있다면 좋겠다. 체이스 자비스는 훌륭한 사진작가다. 그는 온갖 종류의 상을 다 휩쓸었다. 나는 그와 이야기를 나누고 싶었다. 그래서 거짓말을 했다. 그가 내게 '체이스 자비스 라이브'에 출연해 줄 수 있는지 물었다. 체이스 자비스 라이브는 수백 명의 유명인사들을 인터뷰하는 팟캐스트다. 내가 그의 제안을 수락한 동기는 한 가지뿐이었다. 물어 보고 싶은 것이 있었기 때문이다. 나는 인터뷰 당하는 것을 좋아하지 않는다. 민망하다. 나는 내게 누군가를 가르칠 만한 것이 있다고 생각하지 않는다. 너무 많이 실패했고 지금은 이혼까지 했다. 신경 쓰지 말자. 지금 그게 중요한 게 아니니까.

인터뷰를 하러 갔다. 조명과 카메라가 켜지고 액션에 들어갔다. 체이스가 "누구세요?"라고 물으며 말을 시작했다. 나는 방향을 바꾸었다. "내가 먼저 물을 게 있어요. 한 시간 후에 인터뷰가 끝나고 내가 이 자리에서 일어날 때 내 사진 실력이 일취월장하려면 무엇을 배워야 할까요?"

그는 웃었다. 나는 누군가의 질문에 대답하기보다는 남에게 질문하는 것을 좋아하는 사람이다. 남의 말을 주의 깊게 듣지 않는다면 배울 수 없다. 내가 내 말만 하면 다른 사람의 얘기를 주의 깊게 들을 수 없다. 내가 대답만 하고 있다면 그것은 질문을 하지 않았다는 뜻이다. "우선 어떤 필터를 쓰고 있는지 확인하세요. 사람, 건물, 자연, 어떤 사진 찍는 걸 좋아하십니까?" 그거야쉽지. 나는 "불쌍한 사람들을 찍고 싶고…"라고 말했다.

"좋아요. 거리로 나가서 주제와 관련이 있는 사람들을 먼저 찾아보세요. 단 사진을 찍기 전에 가능한 한 그들과 친해지도록 노력해야 해요."

"어떻게 모르는 사람들에게 접근하죠? 날 이상하게 보지 않을까요?"

"당신이 해야 할 일을 말해 줄게요. 일단 가서 이렇게 말을 거세요. '제가 요즘 슬픈 일로 힘들어하고 있습니다. 당신을 봤을 때 순간적인 연결고리를 느꼈어요. 당신이 이해해 주리라고 생각합니다. 저는 꼭 당신의 사진을 찍고 싶어요.'"

나는 그런 사람들과 대화할 생각을 해본 적이 없었다. 왠지 사진이란 몰래 찍는 것이라고 생각했기 때문이다.

"그런다고 해서 그들이 포즈를 취해줄 것 같진 않은데요?"

"아니, 사진을 찍으려고 하기보다는 먼저 그들과 연결고리를 만들어야 해요. 마치 서로 공감하는 이야기를 나누는 것처럼 말이죠. 그들은 어떻게든 당신과 관련이 있을 겁니다. 사람들과 관계 맺는 것을 10초 안에 잘 해낼 수 있어야 해요."

사진 찍는 기술이나 장비, 각도나 햇빛 등 사진의 디테일보다 더 중요한 것은 단지 연결의 기술이었다. 두 사람(찍는 사람과 찍히는 사람)이 연결되면 예술 작품이 탄생할 수 있다. 그 외에는 필요 없다는 것이다. 나는 그게 너무 좋았다.

체이스와 대화를 마치고 나는 밖으로 나가서 사진을 찍고 싶은 한 여자를 발견했다. 나는 그녀에게 어디서 왔는지 물었다. 그녀는 멕시코 출신이라고 말했다. 그래서 도널드 트럼프 대통령에 대해서 어떻게 생각하는지 물었다. 그녀가 "나는 트럼프 대통령을 지지해요."라고 대답했다. 나는 "아마도 당신이 트럼프 대통령을 지지하는 유일한 멕시코인일 거요."라고 말했다. 그녀는 "(그동안의 대통령들은) 모두 똑같았잖아요. 이제 똑같은 게 신물이 나요. 하지만 트럼프 대통령은 뭔가 다르게 할 것 같아요. 변화가 중요해요."라고 말했다. 모든 변화가 다 같은 것은 아니지만 그쯤 해두기로 했다. 그래서 "문신을 좀 보여줄래요?"라고 말했다. 그녀는 팔에 코끼리 문신을 하고 있었다. 그녀는 내가 문신을 볼 수 있도록 소매를 걷어 올렸다. 그녀는 남편과 어렵게 살고 있다고 몇 차례 사정을 이야기했다. 나는 "사진 좀 찍어도 될까요?"라고 물었다. 그녀가 괜찮다고 말했다. 그래서 나는 그녀의 사진을 찍었다.

그것은 좋은 사진은 아니었다. 하지만 관계를 바탕으로 사진을 찍은 것은 그때가 처음이었다. 오늘 나는 다시 시도할 것이다. 내일도, 그리고 그 다음 날도. 내 사진 실력이 나아지지 않는다고 해도, 최소한 노력하는 것만으로도 재미있을 테니까.

예술에 대한 모든 시도는 관계에 달려 있다. 모든 사업도 관계에 달려 있다.

처음 아이팟을 샀을 때, 나는 어렸을 때 좋아했던 음악을 모두 넣어서 들었다. 그렇게 하루 종일 웃음을 터트리고 미소를 지으며 돌아다녔다. 스티브 잡스는 그 아이팟을 통해 어떻게든 나와 연결된 것이다. 나는 가장 좋아하는 책을 300번 이상 읽는다. 읽을 때마다 그 책과 사랑에 빠진다. 절망에 빠진 것처럼 보이지만 서로의 인연을 통해 삶을 살아가는 사람들에 관한 이야기다. 나는 이제 그 이야기에 공감할 수 있다.

아이디어를 팔려면, 또는 남에게 설득하려면, 또는 누군가 나를 좋아하게 만들려면, 상대방과 어떻게 관계를 맺을지 생각해야 한다. 그런 연결 능력이야말로 생존과 성공을 위한 유일한 기술이다. 체이스한테 이런 걸 배우게 돼서 정말 다행이다. 나도 자존심이 있으니 그도 내게서 뭔가를 배웠으면 좋겠다. 체이스는 "사람들은 내가 어떤 카메라를 사용하는지만 궁금해합니다. 하지만 진짜 위대함은 스토리텔링에 있습니다."라고 말했다.

2

주디 블룸이 알려준 인생에서 가장 중요한 것 3가지

주디 블룸이 내 목숨을 구했다. 나는 10살 때, 그녀의 청소년 책(8,200만 권이 팔렸다), 『별 볼 일 없는 4학년』(Tales of a Fourth Grade Nothing, 창비, 2015), 『블러버』(Blubber) 등을 모두 읽었다. 그리고는 『포에버』(Forever…), 『마눌님』(Wifey)의 섹스 장면을 몽땅 외웠다. 그녀는 또 『안녕하세요, 하느님? 저 마거릿이에요』(Are You There God? It's Me, Margaret, 비룡소, 2003)라는 책을 썼다. 사춘기와 어린 시절에 우리에게 일어나는 많은 변화를 알기 위해 하나님과 대화하는 외로운 소녀에 관한 이야기다.

나는 내 팟캐스트에 초청하기 위해 주디 블룸과 통화했다. 그녀에 대해 이야기할 때 '내가 누구누구에게서 배운 10가지'라는 식으로 말하는 것은 정말 무의미한 짓이다. 나는 그녀에게 인간이 되는 법을 배웠다. 그녀에게 처음 전화를 걸었을 때, 나는 그녀의 겸손함과 끊임없이 쏟아져 나오는 지혜에 놀라지 않을 수 없었다. 그녀는 목소리도 매우 상냥했고 많이 웃었다. 나는 아직도 그녀를 좋아한다고 생각한다. 내가 그녀와 대화하면서 배운 다음 세 가지는 예술가, 기업가, 그리고 모든 친구에게 도움이 될 것이라고 생각한다. 그녀의 책이 8,200만 권이나 팔린 이유는 그녀가 인생에서 가장 중요한 것이 무엇인지 알고 있으며 그것에 대해 말하고 있기 때문이다.

평범함이 당신을 죽인다

그녀는 19살에 결혼했고 애가 둘 있었다. 그런데 그녀는 늘 아팠다. "내가 어렸을 때는 그 모든 이야기가 항상 머릿속에 있었어요. 그런데 내가 결혼하고 교외에서 애들을 키우고 사는 '평범한' 삶을 살면서 그 이야기들이 모두 정지되어 버렸지요." "그러니까 계속 아프기 시작하더군요. 의사들도 이상한 병들의 원인을 제대로 알아내지 못했답니다." "그러다 글을 쓰기 시작했지요. 이야기가 다시 흐르기 시작했습니다. 내 모든 책이 그때 나왔지요. 그 이후로는 다시 아프지도 않았답니다." 물론 그녀가 사는 교외나 아이들에겐 아무런 문제도 생기지 않았다. 하지만 나는 요즘 매일, 그녀가 내게 이렇게 말하고 있다고 생각한다. "당신의 창의력을 가두어 둬서는 안 됩니다." 만약 당신의 창의력을 흐르지 못하게 한다면 당신 안에 갇혀서 돌연변이를 일으켜 당신을 죽일지도 모른다.

우정

사람들은 친구의 말을 통해 자신의 삶을 발견한다. 모든 사람에게는 의지할 사람이 필요하다. 어떤 식으로든 교감할 수 있는 사람. 우리가 자연이나 친구를 통해 우리 몸에 대해, 도덕에 대해, 그리고 더 나은 삶을 사는 방법에 대해 배운다. 초자연적인 것에서 배우는 게 아니란 말이다. 그녀의 책을 보면 어린아이들은 자신의 불안감, 성적 관심, 변화에 대한 두려움을 알기 시작할 때 친구들에게 의지한다. 그녀는 내게 말했다. "인생에서 가장 중요한 것은 우정입니다. 그보다 더 중요한 것은 단연코 없습니다." 그녀가 지금의 나 자신에 대해 이야기하는 것 같았다. 나는 이 순간 내가 가진 우정에 무척 감사한다. 그런 우정이 없었다면 난 죽었을 것이다. 나는 매일 그런 우정을 쌓고 꾸준히 개선하려고 노력한다. 우정에도 물을 주고 영양을 공급하고 사랑을 주어야 한다. 그것은 생사가 달린 문제다. 나를 사랑하는 사람들과 내가 사랑하는 사람들을 위해 오늘 당장 무언가를 해야겠다. 내일도, 그리고 또 다음 날도.

다른 사람이 의지할 수 있는 사람이 되자

처음에 그녀는 무엇에 대해 소설을 쓸지 알지 못했다.

"그냥 썼습니다."

하지만 그녀가 작품을 끝냈을 때, 그녀는 8천만 명의 아이들이 의지하는 사람이 되어 있었다. 이는 그녀가 아이들의 문제나 친구들의 문제나 그 어떤 문제를 해결해 주었기 때문이 아니다. 이는 그녀가 자신의 혼란스러움을 어떻게 해결했는지 보여줬기 때문이다. 그녀는 우리가 두려워하도록, 혼란스러워하도록 허용했다. 우리의 몸과 우리의 관계, 우리의 친구들과 사랑, 무엇이 옳고 그른지, 그리고 그 안의 모든 아름다움과 재미를 이해하고 싶은 마음까지도.

사람들은 "다른 사람의 문제를 해결해 줘라. 그러면 성공할 것이다."라고 말한다. 하지만 그건 거짓말이다. 그 말은 사실이 아니다. 절대 아니다. 당신이 먼저 자신의 문제를 어떻게 해결했는지 보여줘라. 만약 문제를 해결하지 못했더라도 적어도 어떻게 노력했는지 보여줘라. 그리고 당신이 그랬던 것처럼 우리가 혼란에 빠지는 것을 허용하게 하는 것이다.

어떻게 보여줄 수 있냐고? 글로 표현하든 무언가를 만들든, 사람들과 대화를 하든 어떤 방식이든 괜찮다. 결코 안전한 발판 위에 서려고 하지 마라.

나는 이불 속으로 들어가 손전등을 들고 잘 시간이 한참 지난 시간까지 그녀의 책을 읽었다.

"가르치려고 하지 말고 행동으로 보여줘라. 내게 규칙을 지키라고 말하지 말고 무엇이든 하도록 허용해줘라. 무관심하게 멀리 떨어져 있지 말고 친구가 되어줘라."

주디 블룸은 내가 어렸을 때 내 곁에 있었다. 아마 깨닫지 못했겠지만 내 팟캐스트에도 와서 함께 있어 주었다. 40년 동안 당신의 책을 읽었으니 그저 '고맙다'는 말 한 마디로는 부족할 것 같다. 당신과 직접 만나 이야기까지 했으니 이젠 마이크를 놓아도 될 것 같다.

정말 감사했습니다.

3

웨인 다이어, 깨우침은 전적으로 관계를 개선하는 것이다.

웨인 다이어가 내 팟캐스트에 나온다니! 나는 몹시 겁이 났다. 나는 그의 책 중 10권 정도를 읽었고 그가 출연한 PBS 스페셜을 대여섯 번 보았다. 그의 책은 1억 5,000만 권 이상 팔렸으며 수백만 명의 사람들에게 영감을 주었다. 그는 이미 수백 번의 인터뷰를 한 사람인데, 내가 무엇을 더 물어볼 수 있단 말인가? 나는 그가 한 다른 인터뷰를 보았다. 그의 딸에게 그에 대해 물어본 인터뷰도 있었다. 나는 준비된 인터뷰 진행자가 되고 싶었다. 다른 사람들과 똑같은 질문은 하고 싶지 않았다.

한 친구가 내게 충고했다. "그가 말하는 것을 중단시켜야 해. 그러지 않으면 그는 계속 말할 거야." 그래서 내가 배운 첫 번째 교훈은 사람들이 말하는 것을 어떻게 끊느냐 하는 것이었다. 나중에 팟캐스트의 오디오를 담당했던 친구가 내게 "그거 아주 놀라운 생각인데요."라고 말했다.

웨인 다이어는 많은 일을 하는 사람이다. 그는 치료사, 교수, 작가, PBS 성금 모금 진행자이자 많은 사람들을 인도하는 영적 지도자였다. 사실 나는 그가 어떤 사람인지 잘 모른다. 그토록 많은 일을 하니 흥미로운 삶을 살면서 흥미로운 일들을 많이 할 것이라고 생각할 뿐이다. 모든 점이 항상 연결될 필요는 없다. 내가 보기에 그는 전형적인 '스스로 선택하는' 인간형이다. 그는 양부모 가정에서 나와 고아로서 찢어지게 가난한 삶을 살았다. 그런 와중에도 학교에 진학했고 박사 학위를 받았으며 교수가 되었다. 그는 학생들에게 매우 존경 받았고 1975년에 35살의 나이에 종신 교수가 되었다. 종신 교수가 뭔지 아는가? 학교에서 당신의 여생 동안 살 돈을 지급한다는 의미다. 다시 말해 직업이나 돈에 대해 다시는 걱정할 필요가 없다는 뜻이다. 당신도 그런 준비가 됐는가?

그래서 그가 종신 교수가 되자 무엇을 제일 먼저 했을까? 학교를 그만두었다. 그는 『행복한 이기주의자』(Your Erroneous Zones, 21세기북스, 2013)라는 책을 썼는데, 그가 보기에 그 책은 실패한 책이다. 5,000부밖에 팔리지 않았으니까. 어떤 책이 5,000부 정도 팔리면 대부분의 출판사는 손을 탈탈 털고 "좋아, 다음

낼 책은 뭐지?"라고 말하는데 말이다. 하지만 그에겐 그것으로 끝난 게 아니었다. 그는 출판사가 자신의 성공 여부를 결정하기를 원하지 않았다. 그는 100% 안전한 직장(종신 교수)을 그만둔 사람이다. 대부분의 사람들은 직업이 불안정하다. 종신직 교수는 절대 흔한 직업이 아니다. 모두들 그에게 미쳤다며 그만두지 말라고 사정했었다. 하지만 그는 출판사로부터 팔리고 남은 책 재고를 몽땅 사서 자동차 트렁크에 실었다. 그리고 9살짜리 딸을 옆에 앉힌 채 전국의 서점을 돌며 책을 사달라고 애원했다.

우리는 대개 한 번에 한 가지씩 스스로 선택한다. 우리는 매일 스스로 선택한다. 그럴 때마다 두려움과 희망이 교차하지만 무슨 일이 일어날지는 아무도 모른다. 그러나 당신이 비전에 대한 확신이라 할 수 있는 사명감을 가지고 선택한다면, 설령 기대했던 것과 다른 일이 벌어져도 "과연 무슨 일이 벌어진 걸까…."라는 말은 하지 않을 것이다.

그 이후 그의 책은 1억 권이 넘게 팔렸다.

팟캐스트를 하기 전에 나는 한 친구에게 웨인 다이어에 대해 이야기 했다. 그 친구는 연 매출이 2억 달러나 되는 회사의 CEO다. 그런데 놀랍게도 그 친구가 "웨인 다이어는 내게 영웅과 같은 존재야."라고 말했다. 나는 그 이유가 궁금했다.

"이런 식으로 생각해 봐. 그는 PBS를 위해 특별 성금 모금을 10번이나 하면서 1억 5,000만 달러 넘게 모금했지." 내가 "대단

한 일이야"라고 대답했다. "그래, 하지만 그게 중요한 게 아니야. PBS는 그 모금 쇼를 계속 반복 방영하지. 게다가 PBS모금 방송은 모든 방송 채널을 합친 것보다 시청률이 더 높아. 웨인 다이어가 그 쇼를 진행하면서 얼마나 긴 시간 동안 공짜로 방송에 출연해 자신을 홍보했는지 생각해 봐." 나는 다이어가 그런 이유로 그쇼에 출연했다고 생각하지는 않지만 어쨌든 흥미로운 관점이었다. 기금을 모으고 수백만 명에게 영감을 주면서 자신을 홍보하는 게 무슨 문제가 되겠는가? 내 친구 CEO가 내게 말하고자 하는 바가 바로 그것이었다.

웨인 다이어가 내게 알려준 13가지 교훈을 소개한다. 나는 이교훈에서 매일 배운다.

1. 그 일 때문에 감옥에 가도 좋다고 확신할 만한 일을 하라

『행복한 이기주의자』가 출판되자 그 책은 냉전 시대 공산주의 국가였던 동유럽 모든 나라에서 판매가 금지되었다. 그래서 다이어 박사는 프라하로 책을 몰래 들여왔다. 그만큼 자신이 주장하는 메시지를 확신했기 때문이다.

2. 삶을 멀리 내다보라

다이어 박사는 고아원에서 자랐다. 믿을 수 없을 정도로 힘들어서 웬만한 사람들은 극복하지 못할 경험이었다. 그러나 어려운 경험이 우리의 영혼을 형성한다. 그는 이제 그런 경험을 한 것에 오히려 감사한다고 내게 말했다.

3. 사람들에게 다가가라

그가 사회 경력을 막 시작했을 때 누군가 그에게 말했다. "미국의 모든 사람들에게 다가갈 수 있는 유일한 방법은 전국적으로 방영되는 TV쇼에 출연하는 것"이라고 말이다. 그래서 그는 큰 쇼 프로그램에 수없이 접촉했지만 매번 거절당했다. 결국 그는 책을 차에 가득 싣고 전국의 서점을 다니면서 사람들과 직접 만났다. 오늘날 모든 사람은 소문이 나서 유명해지기를 바란다. 그들은 인터넷이 자신을 하룻밤 사이에 성공시켜 주기를 원한다. 하지만 가끔은 미친 듯이 열심히 일하며 사람들에게 직접 다가가는 것도 필요하다. 한 번에 한 명씩 직접 만나보라. '소문'은 흔히 떨쳐버려야 할 병이 될 수 있지만, 사람과 직접 맺은 '인연'은 평생의 이익으로 이어질 수 있다.

4. 삶에서 무슨 일이 일어나든 받아들인다

다이어는 요즘 사람들이 자신의 상황을 주식 시장이나 경제 탓으로 돌리려고 한다고 말한다. 당신이 가진 재능이 부족하다 해도 삶에 도움이 되도록 노력하라. 오직 앞으로 나아갈 길을 찾아라. 다이어는 9살 때부터 실업자가 된 적이 한 번도 없다고 이야기했다. 비록 슈퍼마켓에서 식료품 부대를 나르면서 푼돈을 받는 허드렛일이라 해도 말이다. 풍요로운 삶을 꾸리려면 불타는 욕망을 가져야 한다. 웨인은 "어떤 일이 있어도 결코 깜박이지 않는 내면의 불꽃을 키워야 한다."고 말했다. 그 욕망이야말로 당신이 모든 기회를 잡고 마침내 원하는 삶을 창조할 수 있게 해 주는 원천이 될 것이다.

누가 당신에게 "XYZ는 돈이 안 되는 일이니 하지 마라."라고 말해도 듣지 마라. 그는 내게 이렇게 말했다. "사람들은 내게 '선생이 되지 마, 선생 일을 해서는 돈을 벌 수 없어.'라고 말하곤 했지요." 그러나 지금 그는 자신이 가장 큰 교실과 가장 많은 수의 학생을 가진 선생이라고 말한다.

5. 항상 자신의 삶에 책임을 져야 한다

웨인은 인생에서 뭔가 풀리지 않으면, 항상 자신에게 이렇게 말한다. "내가 충분히 결단하지 못했거나, 충분히 두려움에 대비하지 못했거나, 그 일을 실현하는 데 필요한 것을 다 하지 못했기 때문이야." 그는 결코 자신을 위해 변명하지 않는다. 일이 잘 못된 외부적인 이유가 있다 하더라도 어차피 그건 자신이 통제할 수 없는 것이기 때문이다. 통제할 수 있는 것은 오직 자기 자신뿐이다.

6. 자신의 마음을 따라가라

2013년 6월 26일, 웨인은 온 가족에게 이제 글 쓰는 일은 더 이상 하지 않겠다고 발표했다. 그는 왜 자신의 인생에서 글 쓰는 시기가 끝났다고 생각하게 되었는지를 아주 자세하게 설명했다. 그런데 6월 27일, 그는 다음 책을 쓰기 시작했다. 그는 글 쓰는 일을 100% 끝낼 작정이었지만 그날 아침 따라 글을 쓰고 싶다는 충동을 느꼈고 그 충동을 따랐다. 이처럼 그는 자신의 계획에 저항하거나 강제로 하기보다는 인생에서 무슨 일이 생겨서 그것이 자신을 이끌면 그대로 받아들였다.

7. 우리의 선택은 '우리의 운명'이다

우리가 바꿀 수 없는 것들이 있다. 우리의 본능, 신체, 육체적 한계 등. 하지만 우리는 그 틀 안에서 선택할 수 있는 힘을 가지고 있다. 우리는 주어진 자원을 어떻게 사용할지 선택한다. 하루에 1%씩 나아지는 것(또는 나빠지는 것)은 눈에 띄지 않는다. 그래서 사람들은 '오늘 아무 일도 없었어.'라고 쉽게 말하며 자신의 삶을 매일 1%씩 소모해버린다. 그러나 그 1%의 향상에 초점을 맞추면 모든 것이 변한다.

8. 삶의 목적을 찾아라

당신은 이렇게 말할지 모른다. "좋아요, 제임스. 이 많은 교훈들이 당신의 인생 목표를 따르기 위한 것이라고 하죠. 하지만 나는 내 인생 목표를 모르는데 그게 나와 무슨 상관이 있죠?"

웨인이 내게 물었다. "좋은 것과 신의 차이점이 뭔지 아시나요?" 정답은 '0'이다. '오!'가 아니라 '제로'(없다)라는 것이다. 그러니 당신을 기분 좋게 만드는 것, 당신에게 에너지를 주고 당신의 내면을 밝혀주는 것이 바로 신이다. 신은 그것이 당신이 해야 할 일이라고 말하고 있는 것이다. 나는 누구든지 인생의 목적이 단 하나뿐이라고 생각하지 않는다. 그리고 내 삶의 만족을 찾기 위해 한 종교 철학에 속하는 것도 좋아하지 않는다. 그래도 오늘 하루만이라도 그 '제로'에 우리가 좋아하는 것을 채운다는 생각은 마음에 든다.

9. 얄팍한 지식은 버리고 경외심을 깨우라

인생은 선물이다. 자존심 때문에 인생을 온전히 경험하며 감사하지 못하는 어리석음을 범하지 마라. 어렸을 때는 웃으며 질문하지만 어른이 되면 울면서 소리 높여 대답한다.

때로는 나이 75세에도 어린아이처럼 생각하는 것도 괜찮다.

10. 인생은 후회하는 게 아니다

웨인은 내게 "죽어가는 사람들이 했던 가장 큰 후회는 '남들이 나에게 원하는 것을 하기보다 내가 원하는 삶을 살 용기가 있었더라면' 하는 것이었다."라고 말했다. 당신이 원하는 삶을 사는 것은 어렵다. 그러려면 결단력, 강인함, 지혜, 용기 등이 요구되는데 이는 하나같이 어려운 것들이다. 당신이 임종을 맞이할 때에야 비로소 인생에서 당신이 하지 못한 것이 무엇인지 알게 될 것이다.

11. 깨우침은 전적으로 관계를 개선하는 것이다.

입바른 말이 아니라, 깨우침은 현실 세상과는 아무런 연관도 없는 무형의 방법이다. 너무 많은 사람들이 그 단어로 사기를 치려고 한다.

"깨우침은 전적으로 관계를 개선하는 것이다. 배우자와 더 사랑하게 되는 것. 아이들에게 좀 더 인내심을 갖고 대하는 것. 깨달음의 탐구는 실제적인 방법으로 일상을 개선하는 것이다."

12. 깨우침에 이르는 세 가지 방법

- 고통을 겪는 것: 고통스러웠던 과거로부터 배운다.
- 현재에 머무르기: 지금 당신이 겪고 있는 것을 통해 배운다.
- 저돌적 태도: 수동적으로 행동하기보다는 능동적으로 행동한다.

13. 내 안에는 비밀 정원이 있다.

이 세상에 무슨 일이 일어나든, 또 우리에게 무슨 일이 일어나든, 우리 안에서 일어나는 일은 100% 스스로 통제할 수 있다. "당신에게 일어나는 끔찍한 일들을 통제할 수는 없지만, 어떻게 대처할지는 당신이 통제할 수 있습니다." 당신은 당신 자신의 감정과 행복을 통제할 수 있다. 물론 그런 감정을 통제하는 것이 어려운 일이긴 하지만, 중요한 것은 이 세상 그 누구도 당신의 태도를 지배할 수 없다는 것이다. "당신의 마음속에서는 당신이 왕이다."

인터뷰가 끝난 후 나는 좀 상기되었다

나는 흥분했다. 팟캐스트를 하기 잘했다는 생각이 들었다. 그때까지 그런 생각이 든 적이 없었는데 말이다. 아마도 웨인과의 인터뷰에서 내가 배운 가장 중요한 것은 그가 끝날 무렵에 던진 말일 것이다.

"자신을 흥분시키는 일을 실현하기 위해서라면 무슨 일이든 할 의지가 있나요? 그만큼 용감한가요?"

4

누구에게나 영향을 미칠 수 있는
일곱 가지 기술

만약 내가 아이들에게 이 책 중에서 한 장(章)만 읽으라고 한다면, 바로 이 장일 것이다. 영향력은 이 불확실성의 세계를 헤쳐 나아가는 방법이다. 로버트 치알디니Robert Cialdini는 세계에서 가장 영향력 있는 인물이다. 그는 300만 부나 팔린, 사람의 마음을 사로잡는 6가지 불변의 원칙을 설명한 책 『설득의 심리학』(Influence, 21세기북스, 2019)을 쓴 저자다. 이제 그는 설득의 개념을 10배 더 깊이 파고든 『초전 설득』(Pre-Suasion, 21세기북스, 2018)을 내놓았다. 나는 그를 내 팟캐스트에 초청해 1,000가지 질문을 할 수 있었다.

이 책에서 언급된 사실들 중 무작위로 하나를 들어보자. 식당

이름을 '스튜디오 17' 대신 '스튜디오 97'이라고 붙이면 사람들이 팁을 더 많이 주는 경향이 있다. 하나 더, 예쁜 여자의 전화번호를 따려고 할 때, 꽃집 밖에서 물어보면(낭만적인 느낌을 유발하기 때문에) 오토바이 가게 밖에서 물어보는 것보다 전화번호를 딸 확률이 더 높다. 환경은 우리가 생각하는 만큼만 중요하다.

팟캐스트가 시작되기 전, 나는 그에게 시의 역사를 다룬 『영향에 대한 불안』(The Anxiety of Influence, 문학과 지성, 2012)이라는 책을 선물로 주었다. 시가 영향력이나 마케팅과 무슨 상관이 있을까? 예술의 장르를 불문하고 예술가들은 처음부터 앞선 세대의 예술가들이 만든 작품을 바탕으로 자신의 작품 세계를 구축했다. 베토벤은 모차르트의 영향을 받았고, 피카소는 세잔의 영향을 받았다. 마이켈슨Albert Abraham Michelson이 없었다면 아인슈타인도 없었을 것이다.

그러나 시인들은 어떤 이유로든 영향을 받았다는 사실을 부인할 것이다. 어느 시인은 평론에서 "나는 에즈라 파운드Ezra Pound의 시를 읽어본 적도 없다."라고 말했다. 시인들은 독창적으로 보이기를 원한다. 하지만 어느 누구도 100% 독창적일 수 없다. 이것이 바로 영향력의 불안이다. 우리가 내리는 거의 모든 결정은, 심지어 창의적이라 평가받는 것들도 우리에게 영향을 미치는 주변 사람들, 즉 동료, 스승, 종교, 부모, 상사 등에게서 영향을 받은 것이다. 우리의 성격 또한 주변에서 받은 영향이 우리 안에서 특별하게 반죽된 것이다. 이처럼 우리는 타인에게 받는 영향을 어떻게 인지하고 그것을 어떻게 유용하게 다루느냐가 창조성의 관건이 된다.

영향력의 일곱 가지 측면을 요약하면 다음과 같다.
1. 호혜 – 만약 당신이 누군가에게 크리스마스 카드를 준다면, 그들은 당신의 호의에 보답하고 싶을 것이다.
2. 호감 – 자신을 신뢰할 수 있는 존재로 만들어라. 예를 들어 당신과 사귀려 할 때 부정적인 면이 무엇인지 요약해 보라.
3. 일관성 – 누군가에게 부탁을 해보라. 그들에게서 "나는 당신 부탁이라면 무조건 들어줄 겁니다."라는 대답이 나오게 하라.
4. 사회적 검증(주변 사람들의 행동이나 태도가 우리 자신의 행동에 끼치는 영향) – 당신이 누군가에게 X를 하라고 시키려면 그들에게 '당신의 많은 동료들도 X를 하고 있음'을 보여줘라.
5. 권위 –"치과의사 5명 중 4명이 말하는 바에 따르면…."
6. 희소성 –"매장에 아이폰이 100대 밖에 남지 않았습니다!"
7. 동일성 – 당신과 나는 사는 곳, 가치관, 종교 등 여러 가지로 일치하는 것이 많습니다.

이 기술들을 모두 사업에 적용했더니 매우 효과가 있었다. 분명 당신이 돈을 더 벌게 해 줄 것이다. 언어의 전체적 목적은 영향을 미치는 것이다. 그러니 영향력 있는 말을 하라. 단지 꽃이 노랗다고 말하는 것은 영향력 있는 말이 아니다. 언어를 통해 진심과 독창성, 감정을 전달할 수 있는 영향을 미치는 말을 하라. 이것이 당신의 영향력을 연마하는 첫 단추다.

FBI 최고의 인질 협상가에게
배운 협상 기술

누군가 당신 남편을 납치하고 백만 달러를 가져오지 않으면 24시간 안에 남편을 죽겠다고 말한다. 어떻게 하겠는가?

FBI의 전(前) 최고 인질 협상가였던 크리스 보스를 불러보자. 크리스는 인질 협상에서 수천 명의 목숨을 구했다. 그는 세계에서 가장 미치광이 같은 테러리스트들과 협상했다. 그는 24년 동안 FBI에서 일했다. 이제 그는 기업, 개인, 정부의 의뢰를 받아 다른 사람들이 협상하는 것을 돕는다. 그는 『우리는 어떻게 마음을 움직이는가』(Never Split the Different, 프롬북스, 2016)라는 협상에 관한 훌륭한 책을 썼다. 한 번 읽어보기를 권한다. 그에게 전화를 해서 물었다. "크리스, 어떻게 하면 협상을 더 잘 할 수 있을까요?"

그는 나를 보자마자 웃었다. 내가 물었다. "단지 내 팟캐스트에 출연하기 위해 여기까지 비행기를 타고 오신 겁니까?" 그가 대답했다. "세상에서 가장 흥미로운 남자를 만날 수 있는데 여기까지 비행기 타고 오는 게 대수인가요?" 나는 아침에 넘어가는 사람이 아니다. 하지만 그럼에도 그의 책을 적극 추천한다. 그렇게 해서 협상의 명수와 함께 앉아 협상에 대해 알고 싶은 모든 것을 물어볼 기회를 갖게 되었다.

나는 협상에 관한 한 최악이다. 나는 회사를 날렸고, 수백만 달러와 시간을 잃었으며, 완전히 좌절했다. 모두 협상을 잘못했기 때문이다. 나는 그 모든 나쁜 협상에서 뭔가를 배웠다고 생각하려 한다. 적어도 그런 나쁜 협상에서 누군가(내 상대방)는 이익을 봤고 나는 그것만 따로 떼어내어 배울 수 있다고 생각하기 때문이다. 그러나 세계 최고의 협상가를 만나 내가 알고 싶은 만큼 많은 질문을 하면서 훨씬 더 많이 배울 수 있었다.

"어떻게?"

내가 크리스와 대화하면서 배운 가장 중요한 것이 이것이다. 우리는 협상에 임할 때 항상 내 쪽에서는 가능한 한 적게 약속하고 상대방에게 더 많은 정보를 얻기를 원한다. 만일 상대방이 "내일 100만 달러를 가지고 오라."라고 한다면 "내일까지 어떻게 100만 달러를 만들 수 있단 말이요?"라고 말할 수 있다. 그들은 계속 다음 말을 할 것이다. 그들이 들어주기 어려운 것을 요구하면 바로 그들에게 되묻고 그들의 답을 유도한다. 상대방이 "이 차는 최소한 3만 6,000달러 이하로는 팔 수 없소."라고 하면 "3만 달러 이상은 줄 수가 없어요. 내가 어떻게 3만 6,000 달러를 만들 수 있단 말이요?"라고 답하고 그들이 뭐라고 대답하는지 보라.

"어떻게" 또는 "무엇을"로 시작하는 '개방형 질문'을 하라. 그런 질문을 많이 하라. "어떻게"로 시작하는 질문을 미리 준비하라.

"아니오"

많은 이들이 우리가 너무 쉽게 "예"라고 말하도록 훈련받았기 때문에 상황이 조금만 더 어려워지면 무조건 "예"라고 말하는 경향이 있다고 생각한다. 크리스는 "그렇지 않다."라고 말했다. "사람들이 너무 자주 '예'라고 말하는 이유는 당신의 속을 다 들여다보고 있기 때문입니다. 먼저 '아니오'라고 말하게 하세요. 그게 시작입니다."

어떻게 그렇게 하느냐고?

"사람들에게 '이 프로젝트가 실패하기를 원하십니까?' 또는 '이 상황이 우리 모두에게 별 도움이 되지 않지요?'라는 식으로 질문을 하십시오." 그들은 실패를 원하지 않으니 당연히 "아니오"라고 말할 것이다. 이제 당신은 상대방과 공통점을 찾을 수 있다.

'부정적인 면을 말하라'

부정적인 측면을 먼저 거론하며 상대방과의 교감을 시작할 수 있다. 그러면 상대방은 당신의 의견에 동의하기 시작할 것이다. 예를 들어, 상대방에게 이렇게 말하는 것이다. "당신은 나를 믿지 않을지 모르지만, 나는 당신이 과거에 나쁜 거래를 한 것, 또 당신이 힘든 어린 시절을 보냈다는 것을 잘 알고 있소. 그래서 당신에게는 이것이 돈을 벌 수 있는 유일한 방법이라는 걸 이해하오." 그들은 "그래, 맞아"라고 말할 것이다. 그렇게 해서 일단 그들과 공감하게 되면, 당신이 원하는 것을 조금 더 관철할 수 있다.

'무력감'

무력감을 느끼고 싶어 하는 사람은 없다. 만일 협상이 당신 뜻대로 되지 않는다면 그들에게 "당신은 더 이상 할 수 있는 게 없을 거요."라고 말할 수 있다. "이 말은 그들을 무력하게 만들 것입니다. 그들은 말로는 절대 아니라고 하겠지만, 이제 그들은 자신이 무력하지 않다는 것을 증명하기 위해 당신에게 유리한 무언가를 하려고 할 것입니다."

'특정 숫자'

상대방이 "이 차는 3만 6,000달러요."라고 말한다면 다음과 같이 대답한다. "그렇군요, 당신이 최선을 다했고 3만 6,000달러 이

하로 파는 것이 어렵다는 점을 충분히 알겠습니다만, 내가 가지고 있는 돈을 몽땅 긁어 모아도 3만 2,157달러 밖에는 안되네요."
그렇게 말함으로써 그런 정확한 숫자의 돈을 준비하기 위해 당신이 애쓰고 있다는 것을 보여줄 수 있다.(실제로 당신은 최선을 다했다) 물론 당신이 실제로 그만큼의 돈을 만들기 위해 그 일을 했다면 더할 나위 없을 것이다. 그쯤 되면 상대방은 더 이상 싸우려 하지 않을 것이다.

'같은 말을 따라 하라'

상대방이 무슨 말을 하든 마지막 세 마디를 반복해 따라한다. 이것을 가능한 한 많이 하라.

"다른 회사들도 다 그렇게 하고 있기 때문에 월급을 10만 달러 이상으로는 올려 줄 수 없다."라고 말한다면 "다른 회사들이 다 그렇게 하고 있다고요?"라고만 말하고 다음에 상대방이 무슨 말을 하는지 지켜본다. 그들은 항상 더 많은 말을 할 것이다. 이 전략은 다음 전략과 함께 사용한다.

'침묵'

침묵이 이어지는 것을 두려워하지 마라. 세 마디 말을 따라하고 나서 침묵이 이어져도 자신감을 잃지 마라. 상대방도 협상이 끝나기를 원하지 않는다. 그들은 계속 더 말하면서 당신에게 더 많은 정보를 줄 것이다. 당신의 목표는 가능한 한 상대방이 말을 많이 하게 하는 것이다. 정보가 많을수록 좋다. 그러면 그들은 자기 스스로와 더 많은 협상을 하게 될 것이다.

'마감 기한은 중요하지 않다'

협상에서 당신이 그들을 필요로 하는 만큼 그들도 당신을 필요로 한다. 대부분의 사람들은 협상이 달아오르면 이 점을 깨닫지 못한다. 애당초 그들이 협상에 임한 것은 당신을 필요로 하기 때문이다. 만약 그들이 마감 기한을 정했다 해도 그것을 지켜야 한다는 의무를 느끼지 마라. 마감 기한이 지나도 협상은 끝나지 않을 것이다. 그들은 여전히 당신이 필요하니까.

'정보의 힘'

"한 번은 100만 달러를 요구하는 인질 상황을 협상하고 있었는데…."

"매주 금요일이 되면 협상이 더 치열해진다는 것을 알았습니다. 왜 그랬을까요? 그들이 주말 동안 파티를 할 돈을 원했기 때문이지요."

"우리는 결국 1만 6,000달러로 협상금을 줄였고, 그때쯤 그들은 이미 거의 포기한 상태였기 때문에 인질이 탈출할 수 있었습니다."

'심야 FM방송 DJ 목소리처럼'

이것은 나에게 완전히 새로운 것이었다. 크리스는 그의 책 『우리는 어떻게 마음을 움직이는가』에서, 협상할 때 상대방에게 당신이 믿을 수 있고 진지하다는 것을 보여주기 위해 '심야 FM방송 DJ 목소리'를 사용해야 한다고 이야기한다. 나는 그것이 무엇을 의미하는지 알 수 없었는데 그가 내게 시범을 보여주었다. 그는 목소리를 반 옥타브 정도 더 깊이 내면서 단어 사이에 속도를 약간 줄였다. 나도 연습했는데 효과가 있었다. 사실 크리스의 말을 들을 때면 소름이 끼칠 때가 많다. 하지만 옛날에 아버지가 나를 혼낼 때 매우 진지했던 기억이 떠올라 크리스를 방해하고 싶지 않았다.

'협상 조건'

내가 협상에서 가장 많이 망치는 곳이 이 부분이다. 그렇다고 해서 내가 순진한 맹탕이라는 뜻은 아니다. 나는 십여 개 이상의 회사를 팔아봤거나 그 과정에 관여했다. 나는 투자에 대해 많이 협상해 봤다. 권리, 발명, 특허권의 매매 등 많은 거래 경험이 있다. 이렇듯 경험이 많지만 망친 것도 많다. 그때마다 그 '협상 조건'이 문제였다. 이는 단지 월급 액수만의 문제가 아니었다.

"어떻게 하면 이 직장에서 1년 안에 가장 성공적으로 승진/월급 인상을 얻어낼 수 있을까?" 같은 문제처럼 충분히 토론하고 서류에 서명해야 하는 개방적인 일들도 많이 망쳤다. 혹은 "이 일을 어떻게 처리해야 내가 휴가를 일주일 더 받을 수 있을까?"하는 것도 제대로 협상하지 못했다. 모든 상황에서는 제대로 해결해야 할 추가적 조건들이 있다.

약 15년 전, 훗날 구글의 자선사업 전체를 총괄하는 자리에 오른 래리 브릴리언트Larry Brilliant 박사는 내게 이렇게 조언했다. "항상 당신의 정보 목록이 그들의 목록보다 더 커야 한다. 그래야 당신이 5센트를 포기하는 대가로 10센트를 얻을 수 있다."

'누가 먼저 (제안한) 숫자를 말할 것인가?'

나는 항상 이것 때문에 헷갈린다. 내가 먼저 말하면 그 숫자가 너무 낮을 수도 있기 때문에 상대방이 먼저 말하게 하는 것이 상식이다. 그러나 내가 먼저 숫자를 말하면 상대방이 그 숫자를 기준으로 말할 가능성이 있기 때문에 내게 유리하다는 것을 발견하기도 했다. 그러나 크리스는 "그렇지 않다"고 단호하게 말했다. "상대방이 먼저 숫자를 말하게 하시오"

이렇게 해야 하는 한 가지 이유는 당신이 먼저 너무 높은 숫자를 말하면 상대방이 당신을 더 이상 신뢰하지 않을 수 있기 때문이다. 그리고 기준을 제시하는 경우에도 당신이 생각하는 숫자의 범위를 확실히 해두어야 한다. 상대방의 숫자가 너무 낮으면 당신은 그 숫자에 얽매일 필요가 없다. "그들이 말하는 숫자에 당신이 얽매이지 않도록 심리적으로 강해져라." 그다음 당신은 앞서 말한 "어떻게"로 시작하는 개방형 질문으로 돌아갈 수 있다. 이렇게 질문해 본다. "우리 업계의 다른 모든 사람들이 'X' 만큼 받고 있는데, 어떻게 당신이 제안하는 액수를 수락할 수 있겠습니까?"

'준비'

당신이 미리 지나치게 준비하는 스타일이 아니라면 이 기술에 너무 집착하지 않아도 좋다. 하지만 최소한 '어떻게'로 시작하는 질문과 '거절'의 질문은 준비하라. 당신의 부정적인 면을 종이에 적고, 당신의 조건을 미리 확실히 해 둬라. 기본적인 작업은 해 놓아야 구체적인 숫자를 말할 때 그 숫자의 근거를 댈 수 있다. 준비서를 작성하라.

나는 크리스에게 "때로는 부부를 위한 상담사가 되어야 할 때도 있나요."라고 말했다. 그가 웃으며 말했다. "이 기술은 정말 모든 상황에 유용합니다. 내가 하는 일을 좋아하는 것도 이것 때문이지요." 내가 그를 상대로 협상하는 것은 상상조차 할 수 없지만 그는 자신의 아들과 협력했던 일에 대해 이야기해 주었다.

그의 동료 중 한 명이 그와 뭔가를 협상하기 위해 왔다. 마침 그의 아들도 그곳에 있었다. 그들이 한 시간쯤 이야기를 나누고 있을 때 그의 아들이 웃기 시작했다. "아빠! 저 분이 어떻게 하는지 잘 보세요. 저 분은 한 시간 내내 아빠가 한 말을 전부 따라 하고 있어요. 아빠 혼자만 계속 말하고 있잖아요." "나는 자기 주장이 강한 사람이어서, 내가 계속 말하게 만드는 것은 쉽습니다. 내 동료는 나를 상대로 내 수법을 쓰고 있었지요." 고수도 학생이 될 수 있다.

모든 일에 겸손하게 접근하는 것이 성공의 열쇠다. 인간이라는 초현실적 예술에는 언제나 새로 배울 것이 있다는 사실을 알아야 한다. 나는 남에게 잘 속는 어수룩한 사람이다. 상대방이 하는 모든 협박이 사실인 것처럼 두려워한다. 나는 또 모두를 기쁘게 해주고 싶다. 나는 사람들이 나를 좋아하기를 바란다. 다음에 내 딸들과 협상할 때, 나는 크리스에게 전화해서 코칭을 받아야 할 것이다. 하지만 아마도 나는 내 딸들이 어떻게든 이기도록 놔둘 것이다. 사랑은 협상에서 매번 나를 이길 테니까.

6

혼자 일어서기는 어렵다,
멘토 찾는 법

아버지가 장기 혼수상태에 빠진 후 나는 아버지의 차를 대리점에 되돌려주고 그들에게 차 열쇠를 건네줘야 했다. 그들은 아버지에게 무슨 일이 일어났는지 알고 싶어했지만 나는 말을 할수 없었다. 나는 서류에 서명할 수도 없었다. 나는 떨고 있었다. 그저 열쇠를 내밀었고 그들은 열쇠를 받았다. 그곳에서 나와 하염없이 걸었다. 아버지는 나의 첫 번째 멘토였다. 고속도로 길가에서 나를 태우러 올 차를 기다리고 있는데 문자가 왔다.

"저녁이나 먹으러 오게."

나는 내 모든 계획을 뒤로하고 바로 그에게 갔다. 문자를 보낸 사람은 나의 멘토였다. 그날 밤 늦게까지 술을 너무 많이 마셨다.

나는 술김에 멘토의 딸(당시 나는 그녀에게 반해 있었다. 그녀는 지금 유명한 영화 제작자다)을 자극했고 그녀는 멘토의 내연녀에게 소리를 지르고는 포시즌스Four Seasons 레스토랑을 나가버렸다. 그렇게 해서 한 사람과의 멘토 관계가 끝났다. 하지만 당신의 인생에서 새 더하기를 찾는 방법은 많다. 현실에서나 가상에서나.

나는 평생 8~9명의 멘토가 있었다. 내 경우, 가상의 멘토가 더 많았다. 그들과의 관계는 지금도 진행 중이다. 나는 모두에게 배우려고 노력한다. 나는 항상 자신이 하는 일을 내게 가르쳐 줄 존경할 만한 사람들을 찾으려고 노력한다. 지금 내 멘토들은 20세에서 80세까지 다양하다. 그러는 동안 내 멘토들의 품격도 높아졌다. 예를 들어 내연녀가 있는 멘토는 더 이상 없다. 그러나 이 또한 학습 과정이라고 생각한다. 배움은 멈추지 않는다. 나는 매일 멘토를 찾는다. 특히 내가 처음 접하는 것이어서 흥분되지만 아무것도 아는 게 없는 분야에서 나를 도와줄 좋은 경험을 가진 사람들을 말이다. 내가 그동안 멘토를 찾을 수 있었던 방법을 소개한다. 이 방법이 당신에게도 통하길 바란다.

탐구

나는 그들의 경력, 살아온 역사 등 그들에 관한 모든 것을 집중적으로 탐구한다. 한번은 내가 멘토로 삼고 싶은 사람이 1965년에 쓴 학술논문까지 읽고 그에 대한 의견을 보내기도 했다. 나는 그들이 좋아하는 책은 모조리 읽었고 공개적으로 발표하기도 했다. 나는 그 책들에 대해 그들과 토론할 수 있을 만큼 그에 대한 서평도 모두 읽었다. 그들이 쓴 책은 물론, 그들이 이전에 멘토링했던 사람들에 대해서도, 그리고 그들과 무슨 일이 있었는지에 대해서도 빠짐없이 읽었다. 어쩌면 이런 말이 지나치게 꾸며졌거나 조작된 것처럼 들릴지도 모르겠다. 하지만 이곳은 현실 세계이지 프로 골퍼들이 생애 가장 중요한 경기를 하는 도중에 정신적 위기를 극복할 수 있도록 마법의 캐디들이 도움을 주는 그런 전설의 땅이 아니다.

가치 추구

또한 나는 그들이 자신의 사업을 개선할 수 있도록 내 아이디어를 보내기도 한다. 지금도 매일 그렇게 한다. 불과 20분 전에도 내가 더 배우고 싶은 사업에 대한 내 아이디어를 보냈다. 그렇게 하려면 더 일하고 더 연구해야 한다. 적어도 내 경우, 누군가가 나와 시간을 보내고 싶어 하도록 만들려면 긴 시간을 들여야 했다. 또 내가 보낸 아이디어들이 너무 좋은 것이어서 오히려 그들이 그런 아이디어를 떠올려 본 적이 없을 수도 있다. 나는 그런 아이디어를 쓰고, 지웠다가 다시 쓰고, 다른 사람들에게 보여주고 그들의 의견도 들으며 충분히 검토한 다음에야 보낸다.

멘토의 수

어떤 사람들은 단지 너무 바쁘다는 이유로 멘토가 되려 하지 않는다. 어쩌면 그런 사람들은 이미 누군가의 멘토이거나 정말로 멘토가 되기를 원하지 않을 수도 있다. 그래도 괜찮다. 나는 그런 사람들에게 3-4개월마다 멘토 요청을 다시 하는 기술을 가지고 있다. 그들이 결국 내게 다시 연락을 해온 경우가 두세 건 있었다. 그중 한 건은 내가 창업한 회사를 매각하는 결과로 이어졌다. 멘토의 수도 중요하다. 당신이 이 세상에서 해야 할 일이 단한 가지만 있으라는 법은 없다. 우리 삶은 정식이라기보다 뷔페와 같다. 나로 말할 것 같으면, 시식하는 것을 좋아한다.

시간 내기

비록 그들이 당신의 아이디어가 마음에 들어서 친근한 답장을 보내준다 해도, 아직 해야 할 일이 더 있다. (어쩌면 그들이 다른 나라에 사는 사람이어서) 비행기를 타고 가서 "제가 사는 곳은 그리 멀지 않습니다. 당신과 제 아이디어에 대해 더 이야기할 수 있게 돼서 기쁩니다."라고 말하게 될지도 모른다. 나는 멘토들이 시간이 있을 때마다 내 시간을 비워두어야 한다. 멘토라는 말의 정의상, 그들이 나보다 바쁠 수밖에 없기 때문이다. 나 역시 시간을 99.9% 활용하는 바쁜 사람이다. 그래도 나는 내가 멘토로 우러러보는 사람들을 위해 항상 시간을 낸다. 어렵게 낸 시간을 내게 할애한

이 멘토들에게 무한한 감사를 드린다. 나는 매일 그들에게 감사하며 눈을 뜬다.

다양성

당신에게 구체적인 방법을 가르쳐 줄 멘토가 단 한 명일 필요는 없다. 나는 항상 복수의 멘토를 찾았다. 그것도 동시에. 멘토는 연인 관계와는 다르다. 내게 멘토가 있더라도 나는 늘 더 나은 멘토를 찾는다. 만약 그(또는 그녀)가 훌륭한 멘토라면, 그들도 그것을 바란다. 하지만 많은 멘토들이 바로 이 점에서 실패한다. 나의 첫 번째 깨달음 중 하나는 멘토들도 내가 처음에 생각했던 것만큼 완벽하지 않다는 것이었다.

가상 멘토

당신이 믿든 말든, 그들의 자료를 모두 읽는 것이 직접 멘토링을 받는 것 못지않게 좋은 경우가 있다.(아니, 때로는 더 좋다) 어떤 사람들은 매우 총명해서 자료를 읽는 것만으로도 많은 가치를 얻는다. 이런 사람들은 오히려 직접 만나는 것을 매우 힘들어한다. 이유는 잘 모르겠지만 방 안의 모든 공기를 빨아들이는 것처럼 남의 진을 빼는 사람들도 있다. 그런 사람들은 자신이 그렇다는 것을 깨닫지 못한다.

내가 매우 좋아하는 한 멘토가 있었다. 그런데 그와 만날 때마다 나 자신에 대해 실망감이 든다는 것을 깨달았다. 멘토를 받는 방법에는 여러 가지가 있을 수 있다. 그들의 자료를 읽는다든가, 이메일을 보낸다든가, 그들의 강좌를 듣는다든가, 물론 매일 직접 만날 수도 있다. 어느 방법이든 당신이 지치지 않는 방법을 선택하라. 멘토가 어떤 사람인지, 당신이 그에게 무엇을 원하는지에 따라 메시지를 받는 가장 좋은 방법을 선택하면 된다.

약속 이행

아이디어만 중요한 게 아니다. 내가 멘토로 삼고 싶은(나를 알아봐 주길 바라는) 사람이 아이디어에는 관심이 없는 경우도 있다. 그럴 때에는 그들의 방식으로 일을 추진하거나, 그들에게 가치를 제공할 수 있는 사람들을 소개해 준다. 이런 일이 3~4개월마다 생기는데, 그냥 계속 씨를 뿌린다는 생각으로 임한다. 하지만 그렇게 함으로써 내가 약속을 지키는 사람이라는 것을 보여줄 수 있다. 비록 그들의 최근 책에 대한 첫 서평을 쓰는, 서너 달에 한 번씩 생기는 사소한 일일지라도 말이다. 의외로 이것이 내게 큰 도움이 되었다.(예를 들어 별 기대도 하지 않고 그 일을 7년간 한 덕분에 다른 회사 하나를 팔 수 있었으니까)

기대 이상으로

이것이야말로 당신의 유일한 기회다. 당신의 멘토 주변에는 많은 사람들이 있다. 그러니 모든 것에서 그들의 기대를 초과하라. 기대 이상의 결과를 낼 수 있는 기회를 모두 찾아라.

단기 멘토

오늘날까지 나는 전문 분야별로 도움을 받을 수 있는 멘토들을 많이 두었다. 내 인생의 주요 탐구 영역이 아니더라도 말이다. 단 하루 동안의 멘토라도 괜찮다. 나폴레옹 힐은 앤드류 카네기를 단 하루 인터뷰했지만, 그 후 카네기를 인생의 멘토로 여겼고, 카네기의 영향을 받아 지난 100년 동안 가장 많이 팔린 책 중 하나인 『놓치고 싶지 않은 나의 꿈 나의 인생』(Think and Grow Rich, 국일미디어 2015)을 썼다.

시간을 들여라

내 생애 최고의 멘토 관계는 대개 구축하는 데 긴 시간이 걸렸다. 처음에 내가 아주 작은 가치를 제공하면 그들은 더 많은 것을 요구한다. 그래서 내가 가치를 좀 더 제공하면 그제야 비로소 만나주면서 다시 더 많은 것을 요구한다. 내가 더 많은 가치를 제공하면 그들은 그에 대해 비평을 하고 우리 관계는 끊어진다. 그럼에도 나중에 내가 더 많은 가치를 제공하고 나서야 겨우 더 긴 시간을 함께 보낼 수 있었다.(이 때 비로소 멘토 관계가 형성된다) 결국 내가 더 많은 가치를 제공할수록 그들도 내게 가치를 제공하는 것이다.(마침내 보상을 받는다) 내가 더 많은 가치를 제공하고 서로 가치를 교환하면서 다음 단계로 발전한다. 그때가 되면 그들은 나를 싫어한다.(90%가 그렇다)

그들은 왜 나를 싫어하는 것일까? 실력이 부족한 멘토는 학생이 다른 방향이나 더 높은 수준으로 가면 더 이상 감당하지 못한다. 하지만 훌륭한 멘토는 자신의 개인적 위험을 무릅쓰고라도 숨을 거두는 순간까지 당신을 산꼭대기로 올려놓으려 노력할 것이다. 사실 이런 점에서 보면 대부분의 멘토들은 '실력이 부족하고' 소수의 멘토들이 중간 정도에 해당된다. '훌륭한' 멘토는 매우 드물다. 언젠가 당신도 누군가의 멘토가 될 것이다. 바라건대 내 말에 귀를 기울이고 좋은 멘토가 되어라.

당신의 업적은 당신이 무슨 일을 했느냐가 아니라 당신이 가르친 사람들이 무슨 일을 하느냐에 달려있다. 그래서 나도 그렇게 하려고 노력한다. 지난 20년 동안 나는 다른 사람의 멘토가 될 기회가 많았다. 나는 이 점에 매우 감사한다. 다행히 항상 나쁘지만은 않았다. 때로는 잘 해내며 서로 가치를 나눌 수 있었다.

내가 멘토일 때는 대개 이렇게 한다. 누군가 나에게 엄청난 가치를 제공하면, 나는 어떻게 하면 그 가치를 더 올릴 수 있는지 보여준다. 이런 과정은 그들이 나를 능가하거나(대부분 그랬다. 그것이 내가 멘티들에게 항상 바라는 것이다) 더 이상 가치를 제공하지 않을 때까지 계속된다. 이렇게 하지 않았다면 그들은 처음부터 내게 가치를 제공하지 않았을 것이고 내가 깨닫는 데 시간이 더 많이 걸렸을 것이다.

그들이 얻는 이점은 어떻게 하면 사람들에게 더 많은 가치를 제공할 수 있는지에 대한 나의 의견을 들을 수 있다는 것이다. 사람들을 소개하거나 회사에 대해 조언 또는 제안하거나, 인재 채용을 도와주는 것도 포함된다. 만약 그들이 가치 제공을 중단해도 괜찮다. 어차피 사람들의 삶은 각기 다른 방향으로 가게 되어 있고 우리는 가끔씩만 교차할 뿐이니까. 하지만 나는 인내심을 갖고 기다린다. 때로는 몇 년 후에 전혀 다른 능력을 가지고 돌아오기도 한다. 이런 일이 지금도 최소한 두 건이 진행되고 있는데, 두 건 모두 내게 중요한 일이다.

나는 항상 사람들이 나를 제치고 성공하기를 바란다. 내가 늘 하는 말이 있다. "나중에 내가 술에 취해 오줌통에 누워 눈에서 가시를 빼는 모습을 보거든, 젖지 않게 나를 끌어내 주시오" 그러면 그들은 웃으며 말한다.

"그럴 리가요."

하지만 마음 속 깊은 곳에서는 그런 일이 생길까 봐 두려워하고 있다.

나는 지금도 매일 멘토를 찾는다.

나는 아침에 잠에서 깨면 답을 찾기 위한 하루가 시작된다. 이

여정은 끝이 없다. 누가 나에게 새로운 방법을 말해주면 좋겠다.

나는 프라카시PRAKASH를 멘토로 삼고 싶었다.

그래서 그에게 찾아가 그의 강의 노트를 책으로 만들겠다고 제안했다. 그 이후 나는 몇 달 동안 매일 그와 함께 시간을 보냈다. 난 빅터Victor도 멘토로 삼고 싶었다. 그래서 나는 그의 사업에 필요한 소프트웨어를 무료로 보냈다. 또 그의 사업에 대해 내가 연구한 모든 것도 보냈다. 그가 인용한 적이 있는 책은 모두 읽었다. 심지어 1960년대에 쓴 논문을 읽고 그에 대해 언급하기도 했다.

그는 내가 헤지펀드 사업에 뛰어들게 했다. 나는 짐Jim도 나의 멘토로 삼고 싶었다. 그래서 나는 그가 쓴 기사를 빠짐없이 읽고 그에게 편지를 썼다. "여기 당신이 썼으면 하는 기사 10개를 보냅니다." 그러자 그가 말했다. "자네가 직접 쓰면 어때?" 나는 몇 년 동안 그를 위해 기사를 썼고 마침내 그는 내가 창업한 회사를 사들였다. 나는 지금도 매일 멘토를 찾는다.

내게는 수많은 가상의 멘토가 있다.

그들의 책이 내 인생의 문제를 해결해 주었다. 아니면 아름다운 무언가를 창조했든가. 그래서 나는 그들이 어떻게 그렇게 했는지 알고 싶었다.

수잔 케인은 내성적인 사람들의 힘을 끌어내는 법을 다룬 책

『콰이어트』(Quiet, RHK, 2012)를 쓴 분이다. 그녀의 책은 지난 3년 동안 계속 베스트셀러 목록에 올랐다. 다른 사람들을 만나거나 저녁을 함께 먹으면서 웃고 떠들 때, 나는 때로 내 안에 그림자 하나가 생기는 것을 느낀다. 그 그림자는 내 위장에서 시작되는데, 그곳에는 나비들이 있다. 그림자는 내 가슴 속을 기어 다니며 심장을 움켜잡는다. 심장이 저항하면 "쉿, 조용히 해."라고 속삭인다. 그림자는 다시 내 목을 타고 올라와 턱 근육을 마비시키고 마침내 내 머리 위에 달라 붙는다. 그게 끝이다. 그럴 때면 나는 완전히 기진맥진해서 밤새도록 아무 말도 할 수 없다.

결국 나는 수잔 케인을 찾았다. 이 문제를 어떻게 극복해야 할지 알아내는 데 몇 달이 걸렸다. 하지만 나는 계속 추구했다. 마침내 그녀가 나의 팟캐스트에 출연했다. 그녀는 QuietRev.com에 멋진 새 회사를 차리고 기업들이 내성적인 직원들의 힘을 끌어낼 수 있도록 도와주고 있다. 나는 팟캐스트에서 그에 대한 이야기를 했다. 그러나 내가 정말 이야기하고 싶었던 것은 중요한 저녁 식사나 모임에서 그렇게 얼어붙었을 때 어떻게 해야 하는지에 관한 것이었다. 그녀는 나에게 여러 가지 제안을 했다.

"당신 혼자만의 시간을 갖도록 해요. 그림자가 생긴다는 느낌이 들거나 재충전이 필요하면 당신을 위해 변명도 좀 하고요." "미리 음악을 듣거나 코미디를 보고 긴장을 푸는 것도 좋고요."(그래, 바로 그거야!) "당신이 일찍 퇴근할 계획이라는 것을 다른 사람들이 모두 알 수 있도록 미리 마감 시간을 정하세요." "그룹 전체를 감동시키려 하기보다는 당신 가까이 있는 주변 사람들과 일대일로 유대감을 형성하세요." "약속 장소에 가장 먼저 도착하세요. 그러면 그 공간에 대한 정신적 소유권을 어느 정도 주장할 수 있을 겁니다."

그녀는 다른 말도 많이 해 주었다. 그녀가 팟캐스트에 출연한 시간은 개인적으로도 훌륭한 치료 시간이 되었다. 나는 그녀가 팟캐스트를 통해서 자신의 목표도 얻었기를 바란다. 내가 그녀의 책을 적극 추천했으니까. 또한 나는 그녀가 해준 모든 조언을 강력히 추천하는 바이다.

중요한 점

내가 하는 모든 일, 내가 만나는 모든 사람들에게서 나는 적어도 한 가지 중요한 점을 찾으려고 노력한다. 이것이 삶의 더하기다. 그것을 적어 두고 가능한 한 모든 것을 기억하려고 노력한다. 그리고 친구들에게 이에 대해 이야기한다. 이것이 삶의 등식이다. 내가 배운 것들을 다른 사람과 공유한다. 이것이 삶의 빼기이다. 나는 만나는 모든 사람에게 배운 것을 내 것으로 만들기 위해 노력한다. 내 삶의 두 가지 테마는 이것이다.

- 내가 얻은 배움을 따르지 않는다면 그 배움은 아무 가치가 없어진다.

● 나는 나의 더하기, 빼기, 등식을 계속 발전시켰다. 그것들은 기하급수적으로 결합되어 내 삶을 기하급수적으로 부유하게 만든다.

7

악명 높은 마약상에게
배운 리더십

"선생께서 여기 오셔서 마약상 프리웨이 릭 로스Freeway Rick Ross를 인터뷰해 주셨으면 합니다."

누가 내게 이런 요청을 했냐고? 나는 캐나다의 기업가이자 '마스터마인드 토크'Mastermind Talks의 창업자인 제이슨 게이나드Jayson Gaignard와 얘기하고 있었다. 나는 릭에 대해 아는 게 없었기 때문에 제이슨은 그가 누군지 내게 설명해 주어야 했다. 나중에 릭을 검색해 보고 나서 나는 그에 대해 강박감을 갖게 됐다. 릭 로스는 마약상으로 '활약'하면서 약 10억 달러 상당의 크랙 코카인(crack cocaine, 흡연형태의 강력한 코카인 - 역주)을 팔았다. 나는 온갖 책을 가리지 않고 읽는다. 그의 자서전도 읽었다. 또 그에 대한 기사도 십여 편 읽었고, 다큐멘터리도 세 편이나 보았다. 나는 비행기를 타고 샌프란시스코 북부의 와인 생산지 나파 밸리 (Napa Valley)에 있는 제이슨의 마스터마인드 토크로 갔다.

기업가이자 작가인 세스 고딘Seth Godin은 콘퍼런스에서 연설하는 것에 대해 다음과 같은 멋진 조언을 남겼다. "콘퍼런스에서 연설하게 될 경우, 당신이 좋아서 하는 것이라면 공짜로 해주되, 그렇지 않다면 전액 청구하라." 나는 공짜로 제이슨이 주관하는 콘퍼런스에 나갔다.

나는 릭과 전혀 공통점이 없다는 것을 잘 알고 있었기 때문에 매우 긴장했다. 아마 그는 나를 싫어할지도 모른다. 모든 걸 다 아는 척하는 괴짜 유대인이라고 말이다. 나는 100개 정도의 질문을 준비했지만, 정작 인터뷰를 할 때에는 메모를 거의 보지 않는다. 그래서 그 질문들을 떠올린 다음 다시 썼다. 물론 내가 가장 많이 쓰는 질문은 가장 관심이 있는 것들이다.

정치, 법률문제, 이란-콘트라 사건(Iran-Contra Affairs, 1986년 미국 레이건 행정부가 레바논의 친이란 무장단체에 납치된 미국인을 구하기 위해 '적대국' 이란에 무기를 팔고 그 대금으로 니카라과의 콘트라반군을 지원한 사건 - 역주, 릭은 당시 CIA에 속아 콘트라반군에 마약을 대는 일을 했다) 같은 일에는 별로 관심이 없었다. 당시 갱단 폭력 증가가 이

슈였기 때문에 인터뷰 전에 릭과 점심을 먹으며 그것에 대해 물었다. 그는 과거에 마약을 거래하면서 모든 사람의 관심은 오직 돈을 버는 것이며 만약 살인 사건으로 경찰이 개입할 일을 만들면 돈 버는 일도 끝나리라는 것을 잘 알고 있었다고 말했다.

"내가 그 일을 맡고 있었을 때에는 우리 모두가 충분히 돈을 벌고 있었기 때문에 갱단 폭력이 지금보다 훨씬 적었지요."

릭 로스의 전성시대는 1981년부터 1888년까지였다. 10억 달러 상당의 크랙 코카인이 그의 조직을 거쳐 거래되었다. 그는 니카라과에서 마약을 반입해 그가 갱단 생활을 했던 로스앤젤레스 중남부 지역의 모든 갱단을 통해 유통시켰다. 그의 가족은 그가 4살 때 파탄이 났고, 그는 끊임없는 폭력 속에서 자랐다. 그는 삼촌이 숙모를 죽이는 것을 직접 지켜보았다. 당시 갱단의 폭력은 일상적인 일이었다. 그는 글을 읽고 쓰는 법을 배우지 않았기 때문에 18살 때 고등학교에서 쫓겨났고, 그가 챔피언이 되기를 꿈꾸었던 테니스 팀도 떠났다. 그는 테니스 챔피언이 되는 것이 빈민가에서 벗어날 수 있는 유일한 기회라고 생각했었다. 결국 그는 길거리로 내몰렸다. 교육도 받지 못하고 가족도 없이, 읽고 쓰는 법도 모른 채 돈을 벌어야 했다.

그는 예전 고등학교 선생님에게 어떻게 돈을 벌 수 있는지 물었고, 그 선생님은 그에게 약을 팔아 보라고 말했다. 그래서 그는 마약을 팔았다. 그는 번 돈을 쓰지 않고 계속 두 배로 늘려 나갔다. 다른 딜러들이 그에게서 약을 사기 시작했고, 릭은 비용을 낮추기 위해 계속 규모를 키워 나갔다. 마침내 그는 미국 전역에서 주요 거래처를 갖추며 하루 최대 500만 달러어치의 코카인을 거래하는 거상이 되었다. 그는 여러 차례에 걸쳐 교도소에 갔으며 그곳에서 거의 20년을 보냈다. 그러나 이제 그의 주 목표는 교도소와 학교에서 아이들에게 자기처럼 되지 않는 법을 강의하는 것이다.

여기 리더십에 관한 그의 주요 규칙을 모아 보았다. 그가 많은 부하들(릭이 사실 '그들 전부'라고 말하자 관중들이 웃었다)이 총을 들고 다니는 10억 달러짜리 조직을 어떻게 이끌었는지 들어보자.

당신을 위해 일하는 사람들이 당신보다 더 성공할 수 있게 하라.
"나는 그들이 적어도 나 정도, 아니 나를 능가하기를 바랐습니다."

그들이 항상 그런 기회를 갖지 못할지도 모르지만, 그들에게 당신처럼 성공할 수 있는 기회를 주면 그들 또한 자기 아래 사람들에게 본을 보여줄 것이다.

정직
마약상들의 세계에서 이런 얘기가 이상하게 들릴지 모르겠지만, 그곳에서는 거짓말쟁이를 추적할 변호사나 법정이 필요 없다. 그 게임에서는 정직이 법칙이다. 변호사가 있는 세상에서는 사람들이 거짓말을 하고 속이고 배신한다. 반면 모든 것이 당신의 약속에 근거하고 모든 사람이 총을 갖고 다니는 세상에서는 정직이 원칙이다.

"일에 조금이라도 수상쩍은 기미라도 있으면, 그런 사람들과는 더 이상 거래하지 않거나 하더라도 매우 신중하게 합니다."

검소한 삶

아무도 릭이 호화스럽게 사는 것을 보지 못했다. 그는 너무 검소해서 1년에 거의 5억 달러를 만지는데도 경찰은 그가 어떻게 생겼는지조차 알지 못했다. 물론 그의 조직은 분산된 구조다. 그 조직의 하부 구조에 있는 사람들은 그와 접촉할 일도 없고, 자기들 사이에서 일어나는 일은 스스로 알아서 해결한다.

"내가 어떻게 관리해야 하는지 본보기를 보여줬기 때문에 부하 직원들은 내가 어떤 일에 관여하지 않도록 하려면 무엇을 해야 하는지 잘 알고 있었습니다."

꼭 필요한 일만 한다

릭은 판매자와 구매자 사이의 최고위급 접촉을 주선한 다음 자신은 뒤로 물러섰다. 나머지 모든 일은 그의 부하들과 그들의 부하들이 처리했다.

"모두들 자신이 해야 할 일을 알고 있었지요." 그렇게 하지 않으면 먹이사슬의 일부가 되지 못한다.

돈만 많이 벌려고 하지 마라

다시 말하지만, 대 마약왕은 계속해서 이상한 충고를 했다. 릭은 벌어들인 돈의 상당 부분을 그의 이웃에게 다시 쏟아 부었다. 이것은 물론 사회에 이익을 환원하고 기여하기 위한 것이었지만 동시에 전략적인 선택이기도 했다. 한 번은 그가 교도소에 들어갔을 때, 보석금으로 100만 달러 이상을 내야 한다는 결정이 내려졌다. 심지어 100만 달러의 보석금을 합법적으로 지불해야 했기 때문에 릭은 자신의 보석금을 마련할 수 없었다. 그때 그가 자란 동네의 모든 가족이 그를 감옥에서 빼내기 위해 자신들의 집을 보석금으로 내놓았다.

갈등을 줄인다

상황이 큰 폭력을 불러올 가능성이 있을 때는 가능한 한 빨리 갈등을 줄여야 한다. 릭은 종종 조직과 더 이상 어울리지 않는 사람들과 대립하기보다는 그들의 손실을 그냥 갚아주거나 탕감해주곤 했다. 폭력은 새로운 문제를 낳을 수 있다. 손해를 보더라도 그냥 넘어가는 것이 상책이다.

프리미엄

(Freemium: 프리free와 프리미엄premium의 합성어로 기본적인 기능은 무료로 제공하고 추가 기능이나 고급 기능은 돈을 받고 판매하는 가격 전략 - 역주)

전설적인 이야기 한 토막을 하겠다. 릭은 신시내티에 가서 한 친구와 함께 지내며 그 친구에게 친구 10명을 초대하라고 부탁했다. 모두 모이자 그는 그들에게 마약 샘플을 무료로 나누어 주면서 일주일 후에 다시 와서 마약을 살 의향이 있는지 물었다. 그들은 한 명도 빠짐없이 1주일 후에 다시 왔다. 사업의 확장 속도가 빠를수록 한계점도 더 빨리 온다. 이 법칙은 당신의 사업이 마약이든 페이스북이든 마찬가지다.

최악의 경우를 가정하라

릭은 "나는 언젠가는 감옥에 가리라는 걸 늘 알고 있었다."라고 말했다. 그러나 그는 가만히 앉아서 그 일이 일어나는 것을 기다리지는 않았다. 그는 십여 개의 집을 소유하고 있어서 아무도 그가 어디에 있는지 몰랐다. 그는 경찰이 들이닥쳐도 들어오는데 한 시간은 넘게 걸리도록 여러 개의 철제 울타리로 집에 바리케이드를 치고, 그 시간 동안 모두 도피할 수 있도록 철저히 준비했다. 또 그는 몇 달씩 마을을 떠나곤 했다. 자동차 부품 회사나 호텔 같은 '합법적인' 사업에 돈을 투자하기도 했다. 그는 항상 최악의 상황을 가정했기 때문에 성공 가능성이 있는 방법을 다양하게 모색했다.

인터뷰가 끝날 즈음, 릭은 감옥에서 읽고 쓰는 법을 어떻게 배웠는지 설명했다. 그는 미국의 교도소는 죄수 한 명당 연간 4만 5,000달러를 쓰면서도 죄수들에게 책을 사주지는 않는다고 말했다. 다음은 그가 추천한 책들이다.

제임스 알렌James Allen의 『생각하는 대로』(As a Man Thinketh, 가디언, 2015), 토니 로빈스Tony Robins의 『네 안에 잠든 거인을 깨워라』(Awaken the Giant Within, 씨앗을 뿌리는 사람, 2008), 나폴레온 힐의 『놓치고 싶지 않은 나의 꿈 나의 인생』(Think And Grow Rich, 국일미디어, 2002), 조지 사무엘 클레이슨 George Samuel Clason의 『바빌론 부자들의 돈 버는 지혜』(The Richest Man in Babylon, 국일미디어, 2002)

그는 자신도 어머니도 빈털터리였고 온 가족 공동체가 돈 한 푼 없을 때, 글을 읽거나 쓸 수도 없고 교육받을 가망성도 보이지 않았을 때, 마약을 파는 것만이 유일한 탈출구로 보였다고 말했다. 다르게 살 수 있었다면 무엇을 했을 것 같으냐고 물었더니, 그는 '바빌론의 최고 부자들' 같이 살고 싶다고 말했다.

"내가 어렸을 때 내가 아는 가장 성공한 사람(앞서 언급한 고등학

교 선생님)에게 어떻게 하면 돈을 벌 수 있느냐고 물었지요." 그는
몇 초 동안 아래를 내려다보다가 관객들을 돌아보고는 잠시 멈췄
다. "엉뚱한 사람에게 물어본 게 탈이었습니다."

8

사람들이 좋아하지 않을 것에 대한 두려움

나는 남들이 싫어할 것 같은 글을 쓸 때면 긴장된다. 보통은 신경 쓰지 않지만, 사람들이 내가 쓴 글을 노골적으로 싫어할 때가 있다. 그래서 나는 맥 레달Mac Lethal에게 전화를 걸었다. 그는 세계에서 가장 빠르게 읊조리는 래퍼다. 그의 유튜브 조회수는 수백만 건을 기록했다. 나는 속사포처럼 쏘아대는 그의 팬케이크 랩(pancake rap)이나 모차르트 랩을 좋아한다. 그는 ABC의 '엘렌 쇼'에 나와 놀라운 랩을 보여주었다. 하지만 나는 '자고 나니 유명해졌다'는 가장 기본적인 신화에 속았던 것이었다. 나는 맥 레달이 그런 경우라고 생각했는데 내가 틀렸다.

우리는 그가 17년 동안 얼마나 연습했는지에 대해 이야기했다.(그는 하루아침에 성공한 것이 아니었다) 그는 숨을 들이마시고 내쉬는 동안 랩의 단어들을 소리 낼 수 있는 자신만의 호흡 기술을 개발했다. 그것이 그가 그렇게 랩을 빨리 할 수 있는 비밀이었다. 나는 그때 내가 개인적으로 알고 싶은 것을 물었다.

"사람들이 좋아할 거라고 생각하고 어떤 행동을 했는데 나중에 사람들이 좋아하지 않았다는 것을 알았을 때 당신은 어떻게 대처하나요?"

그는 사람들이 좋아하지 않았다는 것을 알게 되면 매우 고통스럽다고 말했다. "하지만 사람들은 자기들이 좋아하지 않는 것은 잘 기억하지 않더군요." 그리고 나서 그는 모차르트 랩을 만들었다. 그것이 바로 수백만 건의 조회수를 기록한 그 랩 영상이다.

가수 맥 레달Mac Lethal은 내게 이렇게 말했다. "당신의 졸작을 두고두고 기억하는 사람은 아무도 없어요. 당신이 그 일을 계속하다 보면 언젠가 훌륭한 작품을 내놓을 수 있을 테고 사람들은 그것을 기억할 겁니다."

고마워 맥!

2장

제대로 된 배움에는
반드시 부가 있다.

변화는 조금씩 보다
다시 시작하는 것이 빠르다.

나는 비행기에서 전직 정부 고위관료 옆자리에 앉은 적이 있다. 그는 지금은 정부에서 일하지 않지만, 다른 나라 정부가 자신들이 권력을 유지할 수 있도록 시민을 통제하는 방법을 알아내기 위해 그를 고용한다. 어쨌든 상관없다. 내가 그것까지 판단할 필요는 없으니까. 난 그저 그가 무엇을 알고 있는지 궁금했다. 그는 내게 여러 장의 차트를 꺼내 보여주었다. 그러면서 그들(그를 고용한 다른 나라의 정부)이 오랫동안 이것을 연구해왔다고 말했다.

"이것 좀 보세요."

그는 4시간 동안 쉬지 않고 설명했다.(우리는 LA에서부터 야간 비행 내내 붙어 앉아 있었다) 그런데, 그는 건강한 편이 아닌 것 같았다.

과체중이었고 비행 내내 술을 마셨다. 그는 자신의 직원들이 작성한 보고서를 서류 가방에서 계속 꺼내며 말했다.

"미래가 어떻게 될지 두렵습니다. 정말 끔찍해요."

기본적으로, 부자들은 자신의 아이들을 돈 많이 드는 명문 '하버드'로 보낸다.(내가 '하버드'를 인용했지만 당신은 당신이 선택한 값비싼 엘리트 대학으로 대체해도 좋다) 하버드 남학생들은 하버드 여학생들을 만나고 그들끼리 결혼한다. 그들은 좋은 직장을 얻는다. 당연히 그들은 많은 돈을 번다. 그들이 아이를 낳으면 그 아이들을 다시 하버드에 보내고, 역시 다른 하버드 아이들과 어울리며 더 많은 돈을 번다. 구제금융이나 정부의 다른 경제부양책뿐만 아니라 문화적으로도 우리는 세대에 걸쳐 부자들만 더 부자가 되는 사회에 살고 있다. 가난한 사람들에게는 정반대의 방정식이 적용된다. 그들은 계속해서 다른 가난한 사람들을 만나고, 그들의 아이들은 더 가난해지며, 가난한 사람들과 결혼한다. 극단적으로 단순화시킨 논리이지만 이것이 그 날 그가 내게 보여준 요지였다.

이 책은 경제에 관한 책이 아니다.

정부에 관한 책도, 혁신에 관한 책도 아니다. 이 책은 지금 당장 거실에서 당신이 해야 할 일을 다룬다. 또 당신과 당신 가족이 어떻게 해야 살아남을 수 있는지를 다룬다. 이 책은 어떻게 하면 번창할 수 있고 자신을 재창조하는 상태를 지속할 수 있는지 이야기한다.

자신을 재창조하라

세상은 빠르게 변하고 있다. 몇 년 전만 해도 태블릿이나 스마트폰이라는 것이 없었다. 이제는 수십억 명의 사람이 가지고 있다. 몇 십 년 전에는 검색 엔진도 없었다. 이제는 모든 사람이 세상의 모든 지식을 손끝에 가지고 있다. 위대한 예술가들, 최고의 사업가들(스티브 잡스, 일론 머스크, 리처드 브랜슨 등이 모두 좋은 예다)은 몇 년마다 자신을 재창조했다. 적어도 5년마다 새로운 기술을 배우고, 새로운 노력을 하고, 자신에게 맞는 새로운 직업을 찾으려 시도해야 한다. 내 팟캐스트에 출연한 성공한 예술가, 억만장자, 우주비행사, 운동선수, 작가, 기업가, 발명가들은 한결같이 반복적으로 자신을 재창조해 온 사람들이다.

재창조란 무엇인가?

우선 새로운 수입원을 찾는 것이다.
다음은 행복을 추구하는 것이다.

나는 20대였을 때 행복이 무엇을 의미하는지 전혀 몰랐다. 그때만 해도 '행복'이란 개인 비행기, 큰 집, 명성 따위의 것들이라고 생각했다. 톰 새디악Tom Shadyac(수백만 달러를 몽땅 기부하고 트레일러 주차공원으로 이사한) 감독은 내게 이렇게 말했다. "사람들은 행복이 '우연히 생긴 결과'라고 생각한다. 행복이 저 바깥의 어디에서 '온다'고 생각하기 때문이다." 맞는 말이다. 진정한 행복은 이런 것이다.

자유 • 관계 • 역량

매일 이 세 가지를 추구해야 한다. 단 매일 똑같은 일만 반복
한다면 이 세 가지는 평생 늘어나지 않는다. 재창조는 매일 일어
날 수 있다. 재창조는 5년마다 한 번 깨어나서 "좋아, 오늘이 재창
조의 날이야."라고 말하는 식으로 이루어지는 것이 아니다.

재창조란?

- 자유를 다른 방식으로 정의하는 것(지금의 현실을 정확히 인식
  하고 소득원을 늘려 어느 한 소득원이 당신을 통제하지 못하게 하는
  것)이다.
- 관계를 개선하는 것이다. 더하기, 등식, 빼기의 방정식과 같
  다. 당신에게 가르침을 줄 수 있는 멘토를 찾는 것은 더하
  기다. 당신이 가르침을 줄 수 있는 다른 사람을 찾는 것이
  빼기다. 당신을 성장시키고 도전을 부여하는 친구를 찾는
  것은 가감이 아닌 등식이다. 이것은 당신의 삶에서 부딪히
  는 생생한 장면들이다. 재창조를 하는 사람이라면 누구나
  이런 장면을 통과해야 한다.
- 습관을 개선하는 것이다. 당신은 당신이 먹는 것, 품고 있는
  생각, 소비하는 콘텐츠 등 당신이 선택하고 행동하는 일상

의 습관이 당신의 존재를 반영하고 그 습관의 변화가 당신 존재의 변화를 가져온다.

나는 이 재창조 기술을 내 삶에 적용했다. 지난 10년 동안, 다른 사람들이 이 기술을 적용하는 것도 지켜봤다. 그리고 지난 3년 동안, 이 기술을 적용하면 무슨 일이 일어나는지 잘 알고 있는 수백 명의 최고들을 인터뷰했다. 그들은 자신을 재창조했다. 그들은 잘 나가게 되었다. 그들은 속에서 끓어오르는 분노를 다스리며 그 분노를 타고 더 높고 더 큰 희망으로 나아갔다. 이 사람들이 세상을 구할 것이다. 그들은 속칭 상위 1%에 속하는 사람이 아니었다. 그들도 처음에는 그저 평범한 사람이었다. 당신도 그 사람들처럼 될 수 있다. 그들도 다 우리와 같은 곳에서 출발했다. 그들은 목표를 이뤘고 결승점 너머까지 도달했다.

지금이 바로 시작할 때다. 내일은 너무 늦다. 그리고 어제는 너무 이른 시간이다. 당신의 재창조는 오늘 시작된다.

당신을 특별하게 만들 5개의 형용사

그는 죽었다. 연설을 끝내고 자리에 앉았는데, 그 다음에…, 죽은 것이다. 사람들이 구급차를 불렀다. 구급대원들이 와서 그를 다시 살아나게 했다. 그러나 그의 몸이 사는 것을 원치 않았나 보다. 그는 다시 죽었다. 구급대원들은 그의 심장을 다시 뛰게 하기 위해 그 기계를 여덟 번이나 더 사용했다. 그 기계가 그의 심장에 대고 말했다 "제발 다시 살아나오세요." 마침내 심장은 다시 뛰기로 결심했다. 그 후 모든 것이 변했다. 우리도 47세에 죽는다면 그럴 것이다.

현재 숙박공유회사 에어비앤비Airbnb의 고객서비스 책임자인 칩 콘리Chip Coneley는 인생에 중요한 것이 "세 가지가 있다"

라고 말했다. 바로 '직업, 경력 발전, 그리고 소명'이다. "나는 20년 동안 호텔을 짓고 운영해 왔습니다. 접객업에 종사하는 것이 나의 소명이라고 생각했지요. 나는 50개가 넘는 호텔을 지었습니다. 그런데 어느 날 그것이 단지 직업에 불과하다는 생각이 들기 시작하더군요." "내가 죽으면 그 일은 더 이상 할 수 없다는 걸 깨달았지요. 그래서 내 소명으로 돌아가야겠다고 생각했습니다." 몇 년 후 그는 그의 회사를 팔았다. 딱히 할 일이 있는 것도 아니었다. "하지만 나는 내 소명에 대한 믿음이 있었지요. 반드시 무슨 일이 생길 거야." 그리고 정말 무슨 일이 생겼다.

아담의 쪽지

그는 내가 에어비앤비를 통해 예약한 숙소의 주인('에어비앤비 호스트'라고 함 - 역주)이었다. 나는 지난 3년 동안 아담이 소유한 4개의 에어비앤비 숙소에서 머물렀다. 그래서 우리는 서로를 알고 있었다. 나는 여행할 때마다 에어비앤비 숙소만 이용하기 때문에 뉴욕의 단골 에어비앤비 호스트들을 많이 알고 있다. 어느 날 아담이 내게 쪽지를 남겼다. "바로 아래층 아파트에 특별한 손님이 와 있어요. 에어비앤비의 고객서비스 담당 총책임자에요. 만나보시겠어요?" 물론 만나고말고. 나는 지난 3년 동안 에어비앤비 숙소에서 내 인생의 90%를 보냈고 작년에는 거의 100%를 그 곳에서 보냈다. 2014년에는 '에어비앤비를 개선하기 위한 10가지 방법'이라는 기사까지 썼다. 아담은 한 사람을 소개해주었는데 그는 몇 년 전에 죽음 직전까지 갔다가 호텔 사업을 팔았던 칩 콘리였다.

그는 "술 한 잔 할까요?"라고 묻고는 내가 있는 층으로 올라왔고 우리는 이야기를 나누었다. "에어비앤비의 창업자인 브리안 체스키Brian Chesky가 내게 전화를 걸어 고객서비스 책임자가 되어주지 않겠느냐고 묻더군요. 에어비앤비는 기술 회사였기 때문에 고객을 어떻게 맞아야 하는 지에 대해서는 잘 몰랐던 거지요."

"내가 50개의 호텔을 운영했을 때는 고객 환대가 가장 중요한 일이었지요. 모든 호텔의 매니저에게 각자의 호텔을 나타낼 수 있는 형용사 5개를 내보라고 했습니다. 아마도 파격적이고 멋진 (funky), 유행에 밝은(hip), 현대적인(modern), 깨끗한(clean), 로큰롤 음악이 나오는(rock 'n' roll) 같은 형용사들이 많이 나왔던 것 같아요."

"모든 직원, 심지어 객실 청소원까지도 무슨 일을 하든 그 형용사를 마음에 새겨두게 했지요. 그리고 가능하면, 고객이 호텔에서 경험할 수 있는 오감(五感)이 그 다섯 가지 형용사와 어울려야 한다고 강조했지요."

내가 대답했다. "정말 멋진 생각이군요. 그 생각을 책 쓰기에 응용할 수도 있을 것 같네요. 스스로 경력을 쌓아가는 데에도요.

당신의 인생이나 당신이 창조한 사물 또는 당신의 관계도 다섯 가지 형용사로 설명할 수 있지 않을까요?" 칩이 대답했다. "그렇고말고요!" 어쨌든 그렇게 해서 그는 에어비앤비에 들어가 호스트들에게 서비스 분위기를 조성하기 시작했다. 마침내 그는 인생의 소명으로 돌아가는 길을 찾은 것이다. 나도 2013년부터 그것을 느꼈다. 이제 내 소명 속에서 산다. 내 소명은 이제야 제 자리를 찾았다. 이 모든 게 칩이 죽을 뻔했기 때문에 벌어진 일이다.

칩에게 물었다. "삶의 소명을 어떻게 찾을 수 있나요?"

"당신이 6살, 8살, 10살 때 뭘 하는 걸 좋아했나요? 겨우 6살일 때부터 진흙 파이를 진짜 파이처럼 만들고 놀던 친구가 있었지요. 그녀는 나중에 변호사가 되었지만 항상 불행했습니다. 지금 그녀는 변호사를 그만두고 세계에서 가장 위대한 페이스트리 요리사 중 한 명이 되었습니다."

"나 역시 어릴 때부터 늘 집에서 식당을 운영하는 흉내를 내곤 했지요. 항상 서비스업에 종사하고 싶었습니다."

나는 내 10살 때를 회상했다. 그 때 나는 이미 단편 소설을 쓰고 있었다. 12살 때는 정치인을 인터뷰하는 기사를 신문에 쓰기도 했다. 당신도 어렸을 때 당신의 관심사가 무엇이었는지 생각해 보고 나이 들면서 그것이 현재 어떻게 변했는지 보라. 칩은 "당신이 시간가는 줄 모르고 몰두했던 것을 찾으라."라고 말한다.

"빅터 프랭클 Victor Frankl의 『죽음의 수용소에서』(Man's Search for Meaning, 청아출판사, 2017)라는 책에 나온 방정식을 기억하세요.

"절망은 고통에서 의미를 뺀 것과 같다."(절망 = 고통 − 의미)

당신에게 의미를 주는 것들을 찾아라. 고통은 항상 이 세상에 있다. 의미가 있다면 절망은 그만큼 줄어들 것이다. 그리고 마침내 당신은 소명을 찾을 것이다. 나는 그에게 "이거 내용이 너무 좋은데, 대화를 녹음해도 괜찮겠습니까?"라고 물었다. 그는 흔쾌히 수용했다. "물론이죠." 나는 그와의 대화를 녹음했다. 사실 나는 10살 때부터 사람들과의 대화를 녹음해 왔다.

"26살 때였지요"

"나는 기업가가 되고 싶었습니다. 처음에 작은 모텔을 짓고 이름을 피닉스라고 붙였지요." "무슨 일을 하든 창의적이고 자유롭고 싶었지요. 나는 모든 사람에게 자신의 소명에 대해 가장 중요한 두 가지 특징을 적고 몇 년 동안 그것을 되새기라고 말합니다." "그런데 어느 날 내가 하고 있는 일이 창의성과 자유와는 정반대에 있다는 생각이 들었습니다. 내가 거의 죽을 뻔 했던 때였죠. 그 일은 내 몸이 이제 변해야 한다고 말하는 방식이었던 셈입니다. 그래서 미련 없이 호텔 사업을 접었지요."

"당신도 골방에 들어가 앉아서 몸이 말하는 것에 귀를 기울이고 어떻게 스스로 창의성과 자유를 찾을 수 있을지 고민해 보십시오." 나는 "정말 좋은 생각이군요. 하지만 자녀들, 책임감, 나이 등이 당신을 가로막지는 않았습니까?" "그런 생각이 들면, 당신이 어렸을 때 좋아했던 일을 생각해 보세요. 그것을 어떻게 조금씩이라도 현재 당신의 삶으로 가져 올 수 있는지 브레인스토밍을 시작하세요. 그리고 다음 날엔 조금씩 더 가져오는 겁니다."

"많은 것을 시도해 보십시오. 내가 깨달은 것 한 가지는 얼마나 많이 시도하느냐와 얼마나 나아지느냐는 서로 비례한다는 것입니다. 사람들은 그 두 가지가 양립하지 않는다고 생각하지만 그렇지 않습니다. 당신이 보다 많이 생각하고 시도할수록 점점 나아진다는 것을 알게 될 것입니다."

이것은 내가 아이디어 근육을 훈련시키는 접근 방식과도 비슷하다. 하루에 10개의 아이디어를 적으면 1년에 3,650개의 아이디어가 나온다. 그 중에 적어도 한두 가지는 좋은 아이디어일 것이다. 그가 떠나고 나서, 나는 내가 어렸을 때 가장 하고 싶었던 일이 무엇인지 생각해 봤다. 나는 스파이가 되고 싶었다. '누구를 염탐하려고?' '모르겠다.' 그저 다른 사람을 보고 그들 몰래 따라가고 싶었다. 그들의 모든 비밀을 관찰하고 알아낸 다음 '본부'에 보고한다. 조금 위험할 거라는 생각이 들긴 했지만, 꼭 살아남아서 세계를 구할 거라고 생각했다. 지금도 그 일을 조금씩 하고 있다. 그게 내 소명이니까.

3

데이몬드 존, 무일푼의 힘

나는 항상 배가 고팠다. 나는 단칸방에서 장판 하나 깔고 살았다. 장판 옆 바닥에는 3인치짜리 TV가 있었지만 케이블 방송을 볼 돈도 없었기 때문에 그 TV는 무용지물이었다. 그래서 사업을 시작했다. 많은 사람은 '아이디어'만 있으면 1,000만 달러나 되는 엄청난 돈을 쉽게 모금할 수 있다고 생각한다. 나는 특별한 '아이디어'도 없었다. 하지만 새로운 것, 즉 인터넷을 잘했고, 사람들에게 웹사이트를 만들어야 한다고 설득하고 다녔다. 내가 옳았을까, 틀렸을까? 회사에 웹사이트가 필요한가? 그때 누가 그런 사실을 알았느냐고? 아무도 몰랐다. 나는 빈털터리였고 배고팠으며, 내가 좋아하는 것을 할 수 있기 위한 최소한의 자유를 살 돈이 필요했다. 그래서 나는 내가 가진 몇 가지 기술을 돈을 주고 살 의향이 있는 이들에게 팔며 일을 하기 시작했다.

그것이 내가 힙합 패션 브랜드 후부FUBU의 설립자 데이몬드 존Daymond John의 『나에게는 힘이 있다』(The Power of Broke, 다우, 2007)라는 책을 읽고 열광한 이유다. 후부는 매출 60억 달러의 대기업이 되었고, 데이몬드는 ABC TV의 창업지원 리얼리티 프로그램 '샤크탱크'(Shark Tank)의 스타 샤크(투자자)가 되었다. 바로 그 데이몬드가 내 팟캐스트에 나왔다. 그는 왜 무일푼이 아닌데도 삶이 힘든지 설명하기 위해 더 이상 무일푼이 아니게 된 시절의 이야기를 먼저 꺼냈다.

"음반 회사를 시작했지요. 우리는 가장 화려한 영상과 최고의 광고를 만들었습니다. 최고의 아티스트들과 손잡고 앨범을 만들었지요."

"광고와 동영상 제작에 300만 달러(36억 원)를 썼고 100만 달러어치의 음반을 팔았습니다."

"이런 화려한 삶이 내가 항상 무일푼이라고 느꼈던 초심으로 돌아가야 한다는 것을 일깨워 주었습니다. 늘 위험이 있는지 살피고 젖 먹던 힘까지 짜내기 위해 애쓰던 그런 느낌, 나를 거리로 뛰쳐나가게 만들었던 그 처음의 마음가짐 말입니다."

그는 그의 어머니가 모직 모자 만드는 법을 가르쳐 주었을 때부터 기업가적 본능을 키웠다. 그는 거의 공짜로 산 옷감으로 80개의 모자를 만들어 한 개에 10달러에 팔아 800달러를 벌었다. 내가 물었다. "다음 날에 또 더 많은 모자를 만들었나요?" 그는 "아뇨"라고 대답하더니 잠시 말을 멈추었다. "다음 날이 아니라 바로 '다음 시간'부터 모자를 더 만들기 시작했습니다." 몇 년이 지나자 후부 제품들은 3억 5,000만 달러의 매출을 올렸고 후부는 큰 회사가 되었다. 10년 후에는 60억 달러어치의 옷을 파는 대기업이 되었다.

그는 자신의 책에서 빈털터리에서 부자가 된 사람들의 이야기를 차례로 이야기 한다.

"사람들은 항상 돈을 벌기 위해서는 돈이 있어야 한다고 말하지요. 하지만 그건 잘못된 생각입니다. 만약 그것이 사실이라면, 포브스 500대 부자들의 절반이 어떻게 아무것도 없이 시작할 수 있었겠습니까?"

"만약 음반 사업을 시작했을 때 내가 무일푼이었다면 아마 성공했을지도 모릅니다. 하지만 잘못된 마음가짐으로 사업을 시작하는 바람에 실패하고 말았습니다. 배가 그렇게 많이 고프지 않았거든요."

우리는 한 시간 동안 이야기를 나누었다. 그는 내게 그 책에 나온 이야기들을 많이 들려주었다. 나는 그가 한 말을 배우기 위해 메모하려고 애썼다. 나는 항상 더 많은 것을 배우기를 갈망한다. 그가 한 말을 정리해 보았다.

테스트

"우리는 거리에서 모자를 팔면서 매일 새로운 가격, 새로운 스타일, 새로운 사이즈의 모자를 내놓았지요. 고객들에게 뭐가 통하는지 보기 위해서였습니다. 통하는 제품들은 생산을 두 배 늘리고 통하지 않는 제품들은 생산을 중단했지요."

나중에 그에게 '샤크탱크'에서 어떤 회사에 투자했는지 물었다. 그는 한 회사의 이야기를 들려주었다. 그 회사는 단돈 100달러에 페이스북에 광고를 계속 하면서 사람들이 어떤 제품을 클릭하는지 볼 수 있는 방법을 개발했다. "그들은 동시에 최대 5개의 광고를 올리고 그 광고가 계속 실행되도록 하더군요." 사람들이 무슨 제품을 클릭하든, 그들이 판매하는 제품들이었다. 항상 테스트(ABT, always be testing)를 멈추지 마라.

네트워크

래퍼 엘엘쿨제이LL Cool J가 그가 사는 동네 길 아래쪽에 살았지만 그는 데이몬드를 알지 못했다. 그래서 데이몬드는 매일 그의 집에 가서 후부 옷을 입어달라고 간청했다. 마침내 엘엘은 의류회사 갭Gap의 광고에서 옷 한 벌을 입고 등장한다. 3,000만 달러짜리 광고에서 그는 모자를 쓴 채 'For us, by us'라는 구절을 되뇐다.

"내게 수백만 달러가 있었다면 엘엘에게 구차스럽게 간청하지 않고 천천히 설득했을 것입니다. 하지만 그에게 돈을 주고 그렇게 해달라고 요청했다면 결과적으로 그를 잃고 말았을 것입니다. 그랬다면 내가 하고 있는 일이 사명이라기보다는 그저 돈이 들어가는 일에 불과했겠지요. 하지만 나는 통할 때까지 엘엘에게 가서 '간청'했습니다."

공동체

당신을 지지하는 공동체나 추종자들을 찾아라. 그는 인스타그램에서 1,500만 명의 팔로워를 갖고 있는 한 10대 소녀에 대해 이야기하면서 그와 관련한 사업을 구축하고 있다고 말했다. 그는 자기 자신에 대해서도 이야기했다. 그의 회사 이름 후부는 '우리를 위해(for us), 우리 곁에(by us)'의 약자다. 그는 자신이 그토록 열정적으로 좋아했던 급성장하는 힙합 공동체에 옷을 팔았다.

OPM

OPM은 보통 '남의 돈'(other people's money)을 의미하지만 때로는 '남의 실수'(other people's mistakes)나 '남의 모멘텀'(other people's momentum, 엘엘이 갭 광고에 편승해 후부를 홍보한 방식) 등

여러 가지 의미로 사용될 수 있다. 다른 사람의 실수(mistakes)든, 돈(money)이든, 모멘텀(momentum)이든, 동기(motivations)든 무엇이든지 그것을 통해 배워라. M의 자리에 무엇이든 채울 수 있다.

할 수 있을 만큼만 전진하라

오늘 800개의 모자를 팔았다고 해도 당장 내일 100만 개를 팔 수는 없다. 내일은 1,000개만 팔아라. 회사가 문을 닫을 위험에 처하지 않도록 차근차근 할 수 있는 만큼만 전진하라.

그의 조언. "첫 술에 20만 달러(2억 4,000만 원)라는 큰돈을 대출받으려 하지 마라." 하지만 나는 그의 말을 어겼고, 대가를 톡톡히 치렀다.

항상 위험을 관리하라

레이몬드에게 물었다. "하지만 당신 어머니는 사업 자금 10만 달러를 만들려고 집을 저당 잡혔잖아요. 그건 당신 조언과 맞지 않는 것 같은데요?"

그가 대답했다. "그래요, 하지만 메이시스 백화점(Macy's)에서 30만 달러어치 주문을 받은 상황이라 약속을 이행해야 했으니까요."

"은행에서 10만 달러를 대출받자마자 옷을 만들고 메이시는 대금을 지불해 주었지요. 나는 즉시 은행 빚을 갚았습니다. 어떻게 갚을지 사전 대책이 없었다면 결코 대출 같은 건 받지 않았을 겁니다." 사람들은 기업가들이 위험을 감수한다고 생각하지만 그건 사실이 아니다. 기업가들은 그들이 쓰는 것보다 더 많은 돈을 벌기를 원한다. 그 뿐이다. 이는 기업가의 모든 시간이 위험과 비용 관리에 사용된다는 의미이기도 하다.

지금까지 우리는 일에 대해 얘기했다. 우리가 하는 일이 무엇이든 어떻게 하나의 수익원이 되고, 아주 작은 회사를 운영하는 것과 같은지. 그리고 '개인 사업'은 대개 본전에 머물거나 손해를 볼 뿐이라 매일 근근이 살아갈 수밖에 없는 것이 현실이라는 점도 말이다.

"나는 후부를 시작할 때 동시에 두 가지 다른 일을 했습니다. 내가 쓰는 돈보다 더 많은 돈을 벌어야만 했으니까요. 그렇지 않으면 그렇게 일할 필요가 없었겠지요. 처음 몇 년 동안 두 번이나 후부의 문을 닫기도 했지만, 한 번 거래한 사람들은 점점 더 큰 주문을 요구했고 그때부터 돈을 벌기 시작하더군요."

나는 샤크탱크에서 무엇을 보고 그 회사에 투자했는지 물었다. 그는 샤크탱크에 출연하는 작은 개인 회사들에 거의 800만 달러(96억 원)를 투자했다.

그는 "그 기업가가 얼마나 많이 실패했는지를 봅니다. 그들이 내 돈으로 또 다른 학습 경험만 쌓는 것을 원하지 않으니까요."

"그리고 내가 좋아하는 사람이어야만 합니다."

이것은 내게도 가장 중요한 점이다. 나도 많은 회사에 투자했지만 실패가 훨씬 많았고 성공한 것은 몇 번 되지 않았다. 그러나 내가 그 사업가를 정말 좋아한 경우만은 성공했다. 나의 모든 실패는 사업가 '개인'보다 그의 아이디어가 더 중요하다고 생각한 경우였다.

그에게 말했다. "나도 투지, 원기왕성 등과 같은 '무일푼의 힘'에 공감하지만 그게 무일푼이 되는 것을 미화하는 건 아닐까요? 내가 빈털터리가 되었을 때 정말 고통스러웠거든요. 다시는 일어나지 못할 것 같았고 살 수 없을 것만 같았습니다."

그가 말했다. "우리는 일시적으로 빈털터리가 될 수 있습니다. 그러나 마음의 빈곤은 영원합니다. 우리는 마음만은 가난해서는 안 됩니다."

"나는 '무일푼의 힘'을 매일 생활에 적용합니다."

내가 "믿기지 않네요, 그 '무일푼의 힘'으로 오늘은 무엇을 하셨나요?"라고 물었다.

그가 대답했다. "글쎄요, 오늘 나는 내 책을 최대한 저렴하고 강력하게 홍보하려고 합니다."

도대체 내가 무슨 짓을 한 걸까? 그를 내 팟캐스트에 불러낸

건 나였다.

4

미미가 가르쳐준 성공으로 가는 세 걸음

나는 미미 이콘Mimi Ikonn과 사랑에 빠진 것 같다. 오, 그리고 그녀의 남편 알렉스 이콘과도. 어렸을 때는 '백만장자'가 되지 못한다면 행복할 것 같지 않았다. 학교의 몇몇 아이들은 자기들이 백만장자라고 말하면서 그렇지 못한 사람들을 놀리곤 했다. 나는 아버지에게 재산이 얼마냐고 물었다. 그는 2달러라고 말했다. 아버지의 대답이 너무 큰 상처였는지 그 이후로 나는 항상 2달러짜리 지폐 뭉치를 가지고 다녔다. 1년쯤 지나고 아버지의 회사가 파산했다. 아버지의 재산은 더 이상 이전과 같을 수가 없었다. 아버지는 속으로 재산이 제로라고 생각했을 것이다. 그는 여생을 우울증에 빠져 거실에 앉아 음악을 들으며 보냈다. 어렸을 때 아버지는 음악을 매우 좋아해서 상도 많이 받았다고 한다.

어느 순간 우리 모두는 어렸을 때 사랑했던 것으로 돌아간다. 내가 다시 쥬디 블럼Judy Blume의 만화를 읽거나 사람들을 염탐하는 습관이 되살아난 것처럼 말이다.

몇 주 전 나는 미미와 알렉스 이콘 부부를 만났다. 나는 그들이 어떤 사람인지 정말 궁금했다. 왜냐고? 미미는 자신의 동영상을 만들고 사람들에게 진실된 가치를 전달하며 그 동영상으로 1년에 100만 달러 이상을 벌기 때문이다. 미미가 몇 살인지는 모르겠지만 나보다는 훨씬 어리다. 그녀는 우리 아버지가 돌아가셨을 때의 나이보다도 훨씬 어리다. 우리 아버지도 그녀 같은 삶을 살고 싶었을 것이다.

이 장은 100만 달러를 버는 법을 가르쳐 주는 아주 간단한 장이다. 나는 미미와 알렉스가 효과를 본 기술을 누구나 적용할 수 있다고 확신한다. 나는 그들에게 그것을 차근차근 정리해 달라고 부탁했다.

감정

미미는 머리와 미용에 관심이 많았다. 그녀와 알렉스는 붙임 머리를 한 여성의 전과 후 동영상을 보았다. 알렉스는 이렇게 말했다. "그들은 붙임 머리를 한 후 훨씬 더 행복해 보였지요. 사람들은 단순히 머리를 손질한 것만으로도 기분이 크게 좋아진다는 사실을 알았습니다. 거기서 기회를 보았지요."

그래서 미미는 머리, 미용, 헤어 제품에 대해 이야기하는 자신의 영상을 만들기 시작했다. 미미는 "동영상 조회수가 1,000명이 넘을 것이라고는 생각도 못했다."라고 말했다. "하지만 동영상 만드는 것이 좋았습니다. 이 주제를 좋아하니까 가능한 한 많은 사람들과 나누고 싶었지요." 현재 그녀의 유튜브 채널은 70만 명의 구독자를 보유하고 있으며 4,500만 건의 조회수를 기록하고 있다.

모든 거점을 한 곳으로(Hub and Spoke)

사람들은 묻는다. "내 블로그에 어떻게 사람들을 끌어 들이지?" 또는 "어떻게 하면 내 책을 많이 사게 할 수 있을까?" 또는 "트위터에서 어떻게 하면 사람들이 나를 팔로우하게 만들지?"

이 모든 것은 외로움에 관한 것이다. 우리는 집에 앉아서 블로그 글을 쓰고 나서 '발행' 버튼을 클릭한다. 그리고 우리 가족이 그 글을 좋아하기를 바란다. 또 친구들이, 그리고 온 세상이 그 글을 좋아하기를 바란다. 난 단지 내 얘기를 하고 있는 것뿐이다. 나는 사람들이 내가 쓴 글을 좋아할 때 마치 가족이 있는 것처럼 느껴진다. 그리고 행복해진다. 적어도 다음 글을 쓸 때까지는.

미미는 동영상 만드는 것을 좋아했고 많은 사람들이 들어와 봐주기를 원했다. 그들은 당신들도 따라 하고 싶을 만한 두 단계 기술을 실천했다. 여기서는 3단계로 보여주겠다.

1. **사랑하기**: 다른 누구보다도 더 많이 알고, 더 많이 사랑하고, 더 많이 표현하고, 더 많은 피와 땀을 흘려라. 미용과 머리에 대한 동영상을 올린 사람이 미미 한 사람뿐이었겠는가? 절대 그렇지 않다. 아마도 그녀가 그 누구보다도 더 많은 열정을 거기에 쏟아 부었을 것이다.

2. **사랑을 널리 퍼트리기**: 알렉스는 이미지와 게시물에 그녀의 동영상을 링크해서 핀터레스트, 인스타그램, 블로그, 기타 여러 사이트에 퍼트려 그곳의 모든 사람들이 그녀의 유튜브 채널을 볼 수 있도록 했다. 나는 이것을 '허브 앤 스포크' 접근법이라고 부르고자 한다. 유튜브를 허브로 삼고 십여 개의 인기 사이트들을 부챗살처럼 연결시키는 것이다.

3. **더 큰 사랑 쏟아 붓기**: 당신이 무슨 일을 하든 잘할 때도 있고 못할 때도 있을 것이다. 모든 동영상이나 게시물이 많은 조회수를 기록하는 것은 아니다. 그러니까 더 큰 사랑을 쏟아 부어야 한다. 더 큰 사랑을 쏟아 부으면 다음과 같은 몇 가지 일이 일어난다.

* 더 많은 사람들이 당신을 찾는다.
* 검색 순위에서 상위로 올라간다.
* 당신 스스로 더 나아진다.
* 당신을 알게 된 사람들이 당신의 이전 동영상을 클릭하기 시작하면서 조회수가 더 늘어난다.

'더 큰 사랑 쏟아 붓기' 기술은 항상 효과가 있다. 메이크업 유튜브 스타인 미셸 판Michelle Phan은 54개의 동영상을 만들고 나서야 비로소 큰 히트를 쳤다. SF 작가 휴 하위Hugh Howey도 10여 편의 소설을 쓴 후에야 베스트셀러『울』(Wool, 검은숲, 2013)을 출간할 수 있었다. 혁신가들의 구루라고 불리는 하버드대 교수 클레이튼 크리스텐슨Clayton Christensen은 NASA에 18년 연속으로 지원하고 나서야 들어갈 수 있었다. 더 큰 사랑을 쏟아 부어라.

1,000명이 중요하다

그녀가 처음에는 1,000명 정도 보면 다행이라고 생각했다는 것을 기억하는가? 바로 그 1,000명의 숫자로 시작해 엄청난 관객으로 불어나는 것이다.

과학기술 전문지 와이어드Wired의 창업자이자 편집장인 케빈 켈리Kevin Kelly는 이에 대해 자신의 사이트 kk.org에 '1,000명의 진정한 팬'이라는 유명한 글을 남겼다. 그는 내 팟캐스트에 출연해서도 그 얘기를 했다. 팀 페리스도 자신의 글 하나 하나가 어떻게 최소한 1,000명에게 가치를 전달하는지에 대해 말했다. 물론 그의 글은 훨씬 더 많은 사람에게 가치를 전달하지만 이 1,000명이라는 숫자가 우리의 글이나 게시물에 집중할 것으로 생각되는 사람의 적절한 수인 것 같다. 1,000명에게 가치를 전달하는 데 초점을 맞추면서 계속 두 명의 친구에게 말하다 보면 어느새 2억 5,000만 조회수를 기록하고, 5권의 베스트셀러를 내며, 당신에 관한 영화가 제작되고, 우주에도 가게 되고, 당신의 화장품 제품을 소유하는 등의 일이 가능해진다. 이 모든 것은 당신이 그 일을 얼마나 사랑하느냐에 달려 있다.

낮은 가격에 사서 높은 가격에 판다

알렉스와 미미는 다른 많은 미용 관련 동영상이 특정 브랜드의 여성 붙임 머리에 대해 말하고 있다는 것을 주목하고, 내가 세상에서 가장 좋아하는 장소인 쇼핑몰에 갔다.

알렉스는 "쇼핑몰에서 이 제품의 가격이 500달러 정도 한다는 것을 알았다."라고 말했다.

"그런데 알리바바에 들어가 봤더니 같은 제품이 100달러에 팔리더군요. 다음에 그 제품의 제조업체에 들어가 보니 그곳에서 직접 구매하면 50달러에 살 수 있다는 것을 알았습니다. 쇼핑몰에서 500달러에 팔리던 바로 그 제품이 말입니다."

그들은 어머니에게 돈을 빌렸고 신용카드로도 최고 한도액까지 돈을 빌려서 제조업체에 그 제품을 주문했다. 그러고 나서 간절히 기도했다.(기도했다는 것은 그들이 말한 것이 아니라 내 추측이다.)

구매를 강요하지 않는다

미미는 동영상에서 많은 제품에 대해 이야기한다. 그녀는 밝고 자신감 넘치는 표정으로 자신이 입고 있는 옷, 자신의 습관, 그리고 어떤 제품을 사용하는지 등을 설명하지만 절대 강요하지 않는다. 하지만 동영상 아래에는 링크가 걸려 있다.

www.luxyhair.com

처음에는 주문이 한 번에 한 개씩 들어오다가 곧 한 번에 100개씩 들어왔다. 그들은 가지고 있는 재고를 다 팔았고, 빌린 돈을 다 갚았으며, 물건을 더 많이 샀다.

그들은 첫 해(2010년)에 100만 달러 이상의 매출을 올렸다. 그 다음 해부터는 매년 100만 달러 이상의 이익을 냈다. 그들은 어디에서도 "이 물건을 사세요"라는 말을 단 한 번도 쓴 적이 없다.

QVC-A

가장 성공한 사람들은 그들만의 성공 모델을 가지고 있다. 이것이 내가 피터 틸의 책 『제로 투 원』(Zero to One, 한경비피,

2014)이나 피터 디아만디스Peter Diamandis의 책『볼드』(Bold, 비즈니스북스, 2016), 그리고 마커스 레모니스Marcus Lemonis의 CNBC 리얼리티TV 프로그램 'The Profit'을 좋아하는 이유다.

성공을 달성하는 방법이나 어떤 기업이 성공한 기업인지를 판단하는 방법은 서로 다르지만 이들은 매우 단순한 모델을 보여준다.

미미와 알렉스도 그들만의 모델을 개발했다. 그들은 그것을 끝까지 지키며 성공이 거듭 이어지는 동안에도 계속 변하지 않고 유지했다. 그들의 성공모델은 바로 QVC-A이다.

Q-품질: 그들이 하는 모든 것이 품질과 관련이 있다.

그들이 동영상을 만들 때 사용하는 카메라("하지만 너무 무리하지는 않아요. 이건 TV 방송이 아니라 유튜브니까요."라고 미미는 말했다)뿐 아니라 어떻게 메시지에 맞게 환경을 설정하는지까지도. 제품은 물론 말할 것도 없다.

V-가치: 미미는 동영상에서 아무것도 팔려고 하지 않는다.

그녀는 어떤 제품을 어떻게 사용하는지만 설명한다. 그녀는 철저하게 조사하고 제품을 믿는다. 그녀는 제품을 사도록 요구하는 것이 아니라 자신이 사용하는 제품에 대한 정보를 제공해 줄 뿐이다. 알렉스는 "10억 달러의 가치를 줘야 10억 달러 이상을 벌 수 있다."라고 말했다.

C-일관성: 관객들과의 약속은 반드시 지킨다.

나는 유명 TV 방송 경영자 그랜트 팅커Grant Tinker가 쓴 텔레비전에 관한 책을 읽은 적이 있다. 그는 영화배우 매리 테일러 무어Mary Tyler Moore의 남편이었고, 미국 3대 방송사 중 하나인 NBC의 CEO를 지냈으며 영화제작사 MTM을 운영하면서 '매리 테일러 무어 쇼', '밥 뉴하트 쇼'(Bob Newhart Show) 등 십여 개의 인기 TV 쇼를 제작했다.

나는 그 책에서 딱 한 가지만 기억한다. 그는 이런 내용의 말을 했다. "쇼의 방영 시간이나 날짜를 바꾸면 그 쇼는 이미 끝난 것이다. 화요일 오후 8시에서 목요일 오후 8시 30분으로 쇼 방송 시간을 옮겼다면 시청자들을 모두 잃을 뿐이다."

미미는 이렇게 말했다. "일주일에 동영상 한 편을 올리겠다고 마음을 먹었으면 반드시 일주일에 한 편을 올려야 해요. 그것도 가능하면 매주 같은 날에 올리는 게 좋습니다. 그렇게 마음먹었다면 한 달에 한 번 올리거나 아무 때나 올려서는 절대 안 됩니다. 당신의 관객들이 쇼가 올라오는 시간을 알게 되면 항상 그 시간에 쇼가 올라올 거라 예상하고 기다릴 겁니다. 이 점을 잊어서는 안 됩니다."

A-진정성: 미미는 동영상을 통해 자신이 믿는 것만 이야기한다.

절대 과장하지 않으며 구매를 강요하지 않는다. 그저 활기찬 모습만을 보여줄 뿐이다.

나는 그들과 이야기하는 것이 정말 즐거웠다. 그동안 사람들이 어떻게 유튜브 같은 채널을 통해 돈을 버는지 늘 궁금했는데 이제 알았다. 이들 부부가 해온 일을 전부 기꺼이 하는 사람들에게도 같은 일이 벌어질 수 있다고 생각한다.

5

믹 에블링, 불가능한 일을
가능하게 만드는 법

다니엘은 수단에서 양을 돌보다가 폭탄에 맞아 두 팔을 잃었
다. 당시 그는 멀리서 폭탄이 터지는 소리가 들리자 나무 뒤에 숨
었다. 나무에 손을 감고 있었는데 그만 폭탄이 나무 근처에 터진
것이다. 몸은 무사했지만 나무를 감싸고 있던 팔이 날아가 버렸
다. 그는 병원에서 퇴원하자 차라리 죽어서 가족들에게 짐이 되
지 않으면 좋겠다고 말했다. 그는 겨우 12살이었다.

나는 믹 에블링Mick Ebeling과 이야기를 나누는 것이 부끄러
웠다. 그 이유는 이렇다. 나는 앞선 이야기를 듣고 "정말 슬픈 얘
기군"이라고 느끼고는 "그에게 그런 일이 일어나지 않았더라면

좋았을 텐데."라고 생각했다. 그러면서 동시에 "그런 일이 나나, 내가 아는 사람들에게 일어나지 않아서 다행이야."라고도 생각했다. 하지만 믹은 다르게 생각했다. 믹은 전쟁이나, 다니엘이 팔을 잃은 것이나, 심지어 보철술에 대해 전혀 알지 못한 채 수단에 날아갔지만 다니엘의 이야기를 듣고는 3D 프린팅, 보철술, 기계 제작 전문가들을 한자리에 모았다. 그는 다니엘을 위해 3D 프린터로 팔을 제작했다. 그것은 이전에 해보지 않은 방식이었고 기존의 보철보다 비용도 적게 들었다. 다니엘은 이제 두 개의 의수를 차고 있다. 식사도 혼자 할 수 있고, 이전처럼 다시 가족도 도울 수 있다. 믹과 이야기를 나누면서 나는 그런 생각은 하지도 못했는데 당신과 만나 이야기하는 것이 부끄럽다고 말했다.

그는 웃으면서 사람들을 돕는 것에 대한 자신의 이론을 설명했다. 그가 세운 회사 '낫 임파서블'Not Impossible은 사람들이 '불가능하다'고 말하는 상황에서 '가능하게 만드는 방법'을 찾아낸다. 그들이 일하는 방식은 이렇다.

한 사람 돕기부터 시작해 많은 사람을 돕는다

그는 다니엘과의 경험을 바탕으로 많은 사람에게 도움을 줄 수 있는 보철술에 대한 아이디어를 생각해냈다. 그는 또 루게릭 병으로 눈을 제외하고 전신이 마비된 낙서 예술가 템프트 원

Tempt One이 다시 의사소통 하는 것을 돕기 위해 눈동자의 움직임만으로 그림을 그릴 수 있는 아이라이터EyeWriter를 설계했다. 이런 식으로 에블링은 한 사람을 돕는 것으로 시작해 많은 사람을 도울 수 있는 제품을 만든다.

터무니없는 일도 가능한 일로

수단에서 아무런 경험도 없이 다니엘에게 저렴한 보철물을 만들어 준다는 것 자체가 터무니없는 일이었다. 그러나 적절한 전문가들이 참여해서 약간 브레인스토밍을 하는 것만으로 다니엘의 팔을 만들 수 있었다. 이제 그 기술은 다니엘 외에도 누구나 이용할 수 있는 기술이 되었다.

스토리텔링

인텔도 믹의 노력을 후원했다. 그가 인텔에 가서 다니엘의 이야기를 들려주었기 때문이다. 그가 인텔의 도움 없이도 다니엘을 어떻게 도왔는지 사연을 들려주자 인텔은 그의 남은 여정을 후원하기로 했다. 인류는 5,000년 넘게 스토리텔링으로 발전해 왔다 해도 과언이 아니다. 많은 사람이 그것을 잊고 있지만, 정말로 효과적으로 의사소통을 할 수 있는 유일한 방법은 이야기를 통해 소통하는 것이다.

사람들은 무슨 일을 할 때 허락을 받으려고 한다

아무도 믹에게 다니엘을 도우라고 허락하지 않았다. 그러나 그는 그 일을 했다. 또 모든 사람이 불가능하다고 말한 보철물을 만드는 방법을 알아내기 위해 그의 집으로 많은 전문가를 모으라고 허락한 이도 없었다. 하지만 그는 그 일을 했다.

우리는 늘 무슨 일을 하는데 보조금을 신청하거나 회사나 정부에 지원을 요청한다. 그러고 나서 기다린다. 지원금이 나올 때까지 계속 기다린다. 어떤 특별한 한 사람이 우리에게 도움을 요청하기를 원한다. 그러나 스스로 선택하는 사람은 다른 사람이 당신에게 도움을 요청하기를 기다리지 않고 먼저 타인을 구한다는 것이다.

믹은 기다리지 않고 '미리' 그 일을 한다

믹은 항상 먼저 시작한다. 그는 자금 지원을 기다리지 않았다. 그는 기다리지 않고 미리 모든 것을 실행할 방법을 찾았다. 그는 다니엘을 도와야겠다고 생각하자마자 즉시 다음 일을 실행했다.

- 상담에 필요한 전문가를 찾았다.(무보수)
- 전문가들을 모아 놓고 해결책을 들었다.(대부분 무보수)
- 브레인스토밍을 시작했다.(무보수)
- 팔 한 세트를 3D 프린팅으로 만들 재료를 확보했다.(대부분

무료로 확보)

● 실험 실행(대부분 무보수)

그리고는 인텔 같은 회사를 찾아가 이렇게 말한다. "우리는 이미 이런 일을 하고 있습니다. 참여하시겠습니까?" 너무 많은 사람들이 이렇게 말한다. "내게 이런 아이디어가 있는데, 자금이 필요해요." 더 이상 그러지 마시라. 대신 "이미 이런 일들을 하고 있습니다, 지금까지 결과는 이러 이러 합니다. 참여하시겠습니까?"라고 말하라.

실패의 정의를 바꾼다

사람들은 생각한다. 어떤 일이든 계속 앞으로 전진하고, 그렇게 계속 나아가다가 실패하면 멈추는 것이라고. 그러나 믹은 실패를 다시 정의했다.

"우리는 이것을 알아내려고 애쓰면서 많은 실패를 겪었습니다. 그러나 모든 실패는 우리가 앞으로 무엇을 해야 하는지, 무엇을 더 잘 할 수 있는지를 보여주는 방법에 불과합니다. 매번 실패할 때마다 적어도 한 가지는 더 잘할 수 있다는 것을 알게 되었으니까요."

성공을 다른 사람과 함께 나눈다

믹의 회사는 영리를 추구하지만 그는 자신이 배운 모든 지식을 공짜로 나누어 주었다. 그러면 다른 사람들과 회사가 더 나은 보철기구나 청각장애인을 위한 더 좋은 기구, 또는 루게릭 병을 앓고 있는 사람들이 의사소통을 할 수 있도록 돕는 도구를 만들 수 있을 테니 말이다. 그러면 믹은 그 새로운 기술을 그의 제품에 다시 통합할 수 있을 것이다. 결과적으로 더 많은 사람들이 더 저렴하고 더 나은 제품의 도움을 받을 수 있다. 많은 사람들은 "이 아이디어는 내 거야!"라고 말하며 아이디어를 혼자만 간직하려고 한다. 원래 아이디어는 서로 공유하고 아이들과 함께 어울리며 성장할 때에 비로소 더 강해지고 세상을 더 좋게 만드는 법이다.

'가능하다고 생각되는 것들'은 모두 찾는다

믹은 조사를 시작하면서 기계손을 만든 사람을 찾았다. 그가 만든 기계손은 완벽한 보철 의수는 아니었지만 물건을 집을 수 있고 제법 기능이 좋은 저렴한 손이었다. 그는 그것을 시작으로 발명가와 그 외 가능하다고 생각되는 것과 관련된 모든 사람들과 함께 브레인스토밍을 시작했다. 어쨌든 그 기계손이 출발점이 된 것이다. 가능하다고 생각되는 것이면 무엇이든 비슷한 것은 다 찾아서 그 아이디어를 출발점으로 삼아 다음 가능한 것을 찾아라.

작게 시작한다

믹은 처음부터 10억 명의 사람이 더 나은 보철 보조기를 갖도록 돕겠다고 하지 않았다. 그는 한 사람을 도왔다.

"모든 사람이 오늘 한 사람을 돕는다면, 내일 세상은 더 나은 곳이 될 것이다."

그러니까 이 장을 읽는 모든 사람이 오늘 한 사람을 돕는다면 세상은 더 나은 곳이 될 것이라는 얘기다. 항상 하루가 끝나면 "오늘 나는 누구를 도왔는가?"라고 되새겨 보라.

현명한 사람들과 어울린다

믹은 보철에 대해 아무것도 몰랐다. 하지만 그는 저렴한 기계 손을 만든 사람이 3D 프린팅 전문가들과 보철술 전문가들과 함께 협력한다면 더 좋은 일이 일어날 수 있다는 것을 알고 있었다. 당신이 전문가가 아니더라도 프로듀서는 될 수 있다. 프로듀서!

나는 믹과의 대화를 끝낸 후 함께 산책을 하며 그에게 시간 날 때에는 무슨 일을 하느냐고 물었다. 그가 내게 물었다. "당신은 무슨 일을 하나요?"

나는 이렇게 대답했다. "나는 매일 나 자신의 충고를 따릅니다. 또 건강해지려고 노력하고요. 친구들과도 시간을 보냅니다. 매일 창의적이 되기 위해 최선을 다 하지요. 그 날의 가장 힘들었던 시간을 생각하고 감사해야 할 것을 찾습니다. 이것이 내 삶에 어떤 효과가 있는지 보는 것은 정말 놀라운 일이지요. 나 자신이 매일 더 강하게 회복되는 것을 보면 우리 삶이 정말 놀랍다는 생각이 듭니다." 그가 말했다. "그것에 대해 책을 쓰면 좋겠군요." 내가 말했다. "물론 그럴 겁니다. 이기적으로 들리겠지만 나 한 사람을 도우면 많은 사람을 돕는 셈이 될 테니까요."

내 말에 그가 웃었다. 악수를 하고 그는 다시 세상을 구하러 갔다.

6

리처드 브랜슨,
장애물이 없다고 상상하라.

나는 리처드 브랜슨Richard Branson을 정말 존경한다. 그는 공부해야 할 대상이다.

리처드 브랜슨은 '준비, 조준, 사격' 순이 아니라 '준비, 사격, 조준' 순서대로 사는 완벽한 예다. 그는 일단 무엇이든 시작하고 본다. 그리고는 과녁을 맞혔는지 살핀다. 맞히지 못한 경우, 새로운 것을 시작한다. 나는 그가 버진 항공Virgin Airlines을 시작한 이야기를 좋아한다. 그는 음반 회사 버진 레코드Virgin Records로 이미 성공을 거두었지만 지금은 버진 레코드와 아무 관련이 없다. 버진 레코드가 아직 존재하는지도 모르겠다. 어쨌든 그에게 남은 것은 버진 항공뿐이다. 그가 푸에르토리코로 여행을 하고 있었는데 비행기가 결항되었다. 모두가 화를 냈다. 그러나 브랜슨은 화를 내지 않고 자신을 데려다 줄 비행기가 있는지 찾았다. 하지만 돈이 없었다.

무언가를 시작할 때 좋은 방법이 한 가지 있다. 바로 장애물이 사라졌다고 상상하는 것이다. '내가 돈 걱정을 하지 않을 만큼 부자라도 여전히 이런 여행을 할 것인가?'라고 상상해 보라. 나는 이것을 '아이디어 뺄셈'이라고 부른다. 하나의 아이디어에 대해 기존에 인식하고 있는 장애물을 제거해 보라! 거기서 더 많은 아이디어들이 생겨나는 경험을 할 수 있을 것이다.

그는 아직 장애물이 남아 있었지만(여전히 돈이 없었지만) 전용기를 전세 냈다. 그러고는 다음과 같은 팻말을 세웠다. '푸에르토리코행 비행기 29달러.' 모든 사람이 가입했다. 순식간에 비행기 탈 돈이 생겼다. 이것이 항공사에 대한 그의 개념 증명(proof-of-concept, 하나의 개념이 기술적으로 실현 가능한 것이지 검증하는 것 – 역주)이었다. 이제 항공사는 수십억 달러의 가치를 지닌 그의 주 사업이 되었다. 내가 특히 소중하다고 생각하는 그의 어록 10가지를 소개한다.

1. "말하기보다 듣기를 많이 하라. 자기 할 말만 하면 아무것도 배

114

우지 못한다."

2. "직장을 개선하는 방법을 직접 제안하라. 내성적으로 행동하기보다는 해야 할 일을 조용히 적절하게 완수하라. 대담해져라, 그러면 못할 것이 없다."

꼭 당신에게 회사를 차리라고 말하는 것은 아니다. 당신은 어떤 환경에서도 창조할 수 있고 그에 대해 무한한 보상을 받을 것이다. 구글의 첫 번째 직원의 이름은 아무도 기억 못하지만(그의 이름은 크레이그 실버스타인이다) 지금 그는 수십억 달러의 억만장자가 되었다. 그는 직원이었지만 창조했고 번창했다.

3. "사랑하는 사람들에게 둘러싸여 열정적으로 좋아하는 일을 하는 한 나이는 중요하지 않다."

나는 이것을 진심으로 믿는다. 우리 모두는 좋아하는 일이 있다. 우리가 이 꿈을 풀어나가도록 돕는 것이 우리를 사랑하는 주변 사람들이다. 당신이 사랑하는 대상을 찾을 때 비로소 창조하고 번창할 수 있다. 헨리 포드Henry Ford가 그의 세 번째 자동차 회사를 차리고 조립 라인을 만들었을 때 그의 나이는 이미 45세였다. 그는 이전 회사에서 자신을 통제하려고 했던 사람들에게서 벗어난 후에야 비로소 그 일을 할 수 있었다. 커넬 샌더스Colonel Sanders는 65세의 나이에 KFC를 창업했다. 로라 잉걸스 와일더

Laura Ingalls Wilder는 65세에 그녀의 첫 책을 썼다. 그 책은『초원의 집』시리즈로 출간되었다.

당시 그녀는 대공황으로 모든 것을 잃어 가진 게 없는 상황이었지만 그녀 주위에는 그녀를 격려하고 생계를 유지하기 위해 글을 쓸 수 있도록 도움을 준 사람들이 있었다.

4. "지금까지 인류가 배운 것은 다 합해도 원 안의 지극히 작은 점에 불과하다. 나머지 모든 공간은 앞으로 배워야 할 것들로 채워질 것이다. 그것은 거대한 우주이며 우리는 매일 그것에 대해 더 많이 배우고 있다. 당신이 여기에 귀를 기울이지 않는다면 모두 놓치고 말 것이다."

얼마 전 누군가가 내게 신을 믿느냐고 물었다. 답은 없다. 우리가 결코 알지 못할 무한한 것들에 대해 항상 경외심을 가져라. 우리의 뇌는 너무 작다.

5. "진정한 기업가가 되려면 항상 앞을 내다봐야 한다. 승리에 안주하는 순간 경쟁이 당신을 압도할 것이다."

이 말에서 '기업가'를 '인간'으로 바꿀 수 있다. 우리 모두는 먼저 인간으로서 살아남고 성공해야 한다. 우리가 해야 할 일은 매일 바뀐다. 우리는 어머니가 우리를 세상에 낳아준 순간부터 시작된 이 조각품(인간)을 매일 조금씩 완성시켜야 한다.

6. "지루한 사람은 없다. 모든 사람은 함께 나눌 만한 이야기와 통찰력을 가지고 있다. 그러나 우리는 살아가면서 휴대폰이나 노트북이 자신의 주의를 빼앗아 가도록 방관했다. 그렇게 살다가는 인생의 친구들에게서 아이디어와 영감을 배우고 흡수할 기회를 놓치게 될 것이다. 이들은 예기치 못한 원천이 된다."

7. "우리는 무슨 일을 하지 않을 핑계 거리를 찾는다. 하지만 만약 당신이 기꺼이 몸을 던져 하나의 프로젝트에 전념한다면 당신 가까이에 얼마나 많은 도움이 있는지 알고 놀랄 것이다. 그러니 혼자 힘겨워할 필요는 없다."

우리는 연결된 세계에 살고 있다. 그동안 우리가 스토리텔링으로 쌓아온 장벽(종교, 민족주의, 협동주의)이 허물어지고 있다. 이제 트윗 하나로 혁명을 크라우드소싱할 수 있다. 도움을 청하는 방법도 백만 가지나 되고 당신을 도우려는 사람 백만 명도 모을 수 있다.

그러나 도움을 청하는 것은 원래 어려운 일이다. 거절에 대한 오랜 두려움도 있다. 당신이 도움을 청하면 사람들이 당신을 약하게 볼 것이라는 두려움, 도움을 청하는 것이 누군가에게 피해를 줄 것이라는 두려움, 그러나 당신의 도움 요청에 가치를 부여하면 어떤 일을 하지 않으려는 핑곗거리가 사라진다. 브랜슨은 여기서 다시 '아이디어 뻘셈'을 언급하고 있는데, 이것이 그가 연속적으로 성공을 거둔 비결이다.

8. "대부분의 사람들은 위험을 감수한다고 하면 그것을 긍정적인 기회로 봐야 할 때에도 부정적인 의미와 연관시키는 경향이 있다. 당신 자신을 믿고 성공할 수 있도록 적극 지원하라. 위험을 감수하는 것이 방향 전환을 의미하든, 직장에서 당신이 원하는 승진의 문턱을 밟는 것을 의미하든, 당신 자신의 사업을 시작하는 것을 의미하든 일단 시도해 보지 않으면 결코 알 수 없다."

브랜슨이 어떻게 '아이디어 뺄셈'을 이용해 수많은 아이디어를 생각해낼 수 있는지 보여주는 또 다른 사례가 있다. 예를 들어 사람들은 종종 "만약 프로그램하는 방법을 알았다면 X를 할 수 있었을 텐데."라고 말한다. 자, 그럼 당신이 프로그램을 할 수 있다고 상상하고 그 걱정을 아예 접어버려라. 이제 프로그램을 할 수 있으니 어떤 아이디어를 구현하겠는가?

당신은 항상 걱정을 제거할 수 있다. 위에서 브랜스이 한 것처럼 팻말(푸에르토리코행 비행기 29달러)을 세우는 일이든, 아니면 승진의 자리에 오르는 일이든 말이다.

사람들은 어떤 문제가 불가능하다고 생각할 때 그것이 가치가 없다고 평가한다. 그러나 성공한 사람들은 아이디어를 싸게 사서 비싸게 판다. 당신이 '왜 나는 할 수 없는가?'라는 의문이 든다면 브랜슨의 다음 어록을 참고하라.

9. "나는 '만약 안 되면 어떡하지?'라고 생각하며 시간을 허비하는 사람들이 아니라 하늘을 바라보며 '왜 달을 향해 총을 쏠 수 없는가?' 라고 말하는, 꿈을 크게 꾸는 사람들에게 늘 호감을 가졌다."

브랜슨이 10대에 음악 전문 잡지를 처음 시작했을 때부터 달을 향해 총을 쏘는 것에 대해 생각하고 있었는지는 모르겠다. 하지만 누가 알겠는가? 현재 그의 최대 투자처는 자신이 설립한 민간 우주탐사 기업 버진 갤럭틱Virgin Galactic이다. (심한 난독증인데도 시작한)그 잡지사는 오늘날 말 그대로 달에 우주선을 발사하는 회사로 변신했다. 안 될 게 뭐 있단 말인가?

10. "우리는 더 나은 미래를 위한 제품, 서비스, 기업, 아이디어, 정치를 함께 만들 수 있다. 이 '새로운 힘'의 세계에서 우리는 모두 메이커다. 함께 만들자."

사람들은 때로 내게 편지를 보내 이렇게 말한다. "모든 사람이 기업가가 될 자질이 있는 것은 아닙니다. 회사의 직원이 되는 것을 좋아하는 사람도 있습니다." 나도 이 말에 동의한다. 회사의 직원이 되는 것은 나쁠 건 없다. 인생은 스스로 만들어 나가는 것이니까. 나도 남의 회사 직원을 여러 번 했다. 중요한 것은 '직원'이라고 해서 창조하고, 만들고, 아이디어를 생각해 내는 것을 포기해야 하는 것은 아니라는 사실을 깨닫는 것이다. 사실, 직원은 기업가보다 풍요로워질 기회가 더 많다. 모든 것이 가능한 대기업에서는 활약할 무대가 훨씬 넓다.

나는 아스트로 텔러Astro Teller와 함께 대학원에 다녔다. 그는 구글에서 특수 프로젝트 부서를 운영하고 있는데, 그 부서는 전에는 '구글 X'라고 불렸지만 지금은 그냥 X라고 부른다. 그는 구글의 직원이다. 그는 구글에서 '꿈을 꾸라'는 요청을 받았다. 현재 소프트웨어 회사인 구글은 무인 자율주행차를 만들고 있다. 그것은 불가능한 것처럼 보인다. "운전자 없는 자동차를 만드는 것이 가능할까?" 하지만 바로 거기에 기회가 있다.

매일 잠에서 깨어나면 내 머릿속에서는 장애물과의 끊임없는 싸움이 벌어진다. 대개는 사업상의 장애물이라기 보다는 감정적인 장애물이다. 두려움, 사람들, 아이디어, 희망, 이것이 우리가 사는 모습이다. 험난한 세상은 장애물과 두려움의 연속이다. 그러나 그것이 없다고 상상한 뒤 우리가 무엇을 할 수 있느냐를 생각할 수 있다면 새로운 눈이 떠질 수 있다.

7

10억 달러를 벌게 도와주고 배운
마크 규반의 투자 규칙

1997년 마크 큐반Mark Cuban의 회사 오디오넷AudioNet(나중에 브로드캐스트닷컴Broadcast.com으로 이름을 바꿨음)이 내게 전화를 해서 큐반이 억만장자가 되려면 나의 도움이 절실히 필요하다고 말했다.(그는 정정당당하게 억만장자가 된 사람이다) 그들은 내게 술과 식사를 대접하며 매일 전화했고 마침내 나는 그들의 소원을 들어주었다. 나는 마크 큐반의 과거 행적에 모두 동의하지는 않는다. 그의 사업 경력 중 일부분에서 내가 직접 짧게 교류했던 경험을 통해 그에게서 배운 것을 설명하고자 한다. 한 마디로 말하자면, 그는 엄청나게 성공했다. 자신이 소유했던 브로드캐스트닷컴을 야후에 매각했으니까!

게다가 주가가 가장 비쌀 때 자신의 주식을 모두 팔아 수십억 달러를 챙기며 억만장자의 대열에 올랐다. 그 후 NBA(미국프로농구협회) 프로농구단 댈러스 매버릭스Dallas Mavericks를 인수했고, 고화질(HD) 영상 전문 TV 네트워크 회사 HDNet을 설립했으며, 많은 투자를 했고, 도널드 트럼프와의 공개 토론, 미국 증권 거래위원회(SEC)와의 공개 토론으로 유명세를 탔다.

언젠가 내 친구에게 전화를 걸어 "자네도 큐반이 부럽나?"라고 물었더니 그 친구는 "물론, 당연하지."라고 대답했다. 그 친구가 그렇게 말해서 다행이다. 만약 아니라고 말했다면 분명 거짓말이었을 테니 말이다. 만일 그 친구가 "아니, 큐반은 그저 운 좋은 사람일 뿐이야."라고 말했다면, 그는 세상에서 가장 속 좁은, 어리석고 비열한 인간일 것이다. 나는 큐반에게서 다음과 같은 것을 배웠다.

행운도 만드는 것이다

내가 큐반에 대해 말하면 대부분의 사람들은 그가 운이 좋았다고 말한다. 그는 인터넷 공간에서 겨우 수익을 내는 회사를 창업했고, 이 회사를 상장하면서 당시(1998년)로서는 사상 최대 규모를 기록했으며, 상장 즉시 회사를 매물로 내놓고, 결국 가장 큰 인터넷 기업(야후!)에 매각한 다음, 가장 비쌀 때 자신의 주식을 모두 매각했다. 그는 최고가에 매각하는 방법을 어떻게 알았을까? 그게 모든 사람이 지적하는 대로 '행운'일까? 아니면 수익도 나지 않는 회사를 차린 것? 아니면 시기(인터넷 버블이 한창이던 시기)가 억세게 좋았다는 것이 '행운'이었을까?

그것은 전혀 운이 아니었다. 체스에는 "운은 훌륭한 선수에게 만 따른다."라는 말이 있다. 훌륭한 선수가 경기에서 이기면, 패한 상대는 화가 나서 "네가 이긴 건 운이 좋았기 때문일 뿐"이라고 말한다. 하지만 훌륭한 선수가 실력 없는 선수보다 항상 운이 더 좋은 것 같다. 사람들은 사랑과 애정에 굶주려 있다. 그들은 어렸을 때 그것을 맛보지 못했기 때문에 어른이 되어서도 그것을 찾기 위해 사방(기업, 게임, 관계 등)을 헤맨다. 그러다 다른 누군가가 사랑(돈)을 쟁취한 것을 보면 이해하지 못한다. 사랑은 존재하지 않는다고 생각했는데, X, Y, Z는 어떻게 사랑을 얻었을까? '운이 좋은 게 틀림없어'라고 생각한다.

1997년 오디오넷이 내게 접촉해 왔을 때 나는 큐반이라는 인물에 대해 들어본 적이 없었다. 당시 내 회사 리셋(Reset)은 한 TV 쇼의 첫 온라인 생방송을 준비하고 있었다. '에드 코흐Ed Koch와 함께하는 시민 법정'(당신이 본 적이 없더라도 매우 권위 있는 TV쇼였다)을 촬영하는 동안 라이브 스트리밍을 하고 싶었다. 사람들이 이 쇼가 TV에 방송되기 전에 온라인으로 먼저 볼 수 있도록 하기 위해서였다. 나는 그때 몇 가지 이유로 매우 흥분해 있었다. '워프너 판사와 함께하는 시민 법정'은 내가 가장 좋아하는 쇼였기 때문에 나는 그 쇼가 어떻게 만들어지는지 처음부터 지켜보고 있었다. 한 방에서 여러 명의 제작진이 시청자들이 신청한 청구 사건들을 검토하고 있었다. 수백, 수천의 사건 중에 방송을 위해 가장 흥미로운 사건을 고르는 것이다. 그 방 바로 옆에 우리 전용 방이 있었는데, 우리는 방송 막간에 그 방에서 휴식을 취하곤 했다. 우리는 담당자 한 명을 정해서 온라인 스트리밍을 매일 관리하도록 했다. 하지만 1997년에 온라인으로 시청하는 사람이 얼마나 됐겠는가? 20명쯤? 어쩌면 한 명도 없을 수도. 하지만 흥미로웠다. 그리고 그들이 결제한 것도 좋았다. 나는 그 쇼가 방송되는 동안 펜실베이니아 방송국 길 건너편에 있는 펜실베이니아 호텔에 즐겨 머물렀다. 그곳이 내가 자랄 때 뉴욕 오픈 체스 대회가 이루어지던 장소였기 때문이다. 그래서 그곳에 대한 좋은 추억이 많았다. 물론 나쁜 추억도 더러 있지만.

어쨌든 큐반의 오디오넷은 우리가 라이브 스트리밍을 하는 데 자기네 기술을 사용해주기를 간절히 원했기 때문에 연락을 해왔다. 지금은 그 뉴욕지역 영업사원 이름이 기억나지 않지만 끈질기고 꽤 괜찮은 친구였다.

그가 말했다. "들어보세요. 마크 큐반은 회사를 상장하기 위해 언론 보도자료를 원합니다. 언론 보도자료가 있으면 상장에 유리하니까요. 귀하의 방송은 훌륭한 보도자료가 될 것입니다." 우리 모두 그의 말에 웃었고 결국 오디오넷의 기술을 사용하기로 했다.

마크 큐반은 처음부터 게임의 방법을 제대로 이해했다. 브랜드를 만들고 기술의 선두에 선 다음(그러나 너무 앞서도 안 된다. 그를 위한 전기 자동차는 없다), 가능한 한 많은 보도 자료를 내고, 가능한 한 빨리 주식을 매각해야 한다는 것을.

그는 아마 인터넷 거품이 일어나고 있다는 것을 5년 전에 미리 알고 있었을 것이다. 그래서 그 이전에 인터넷 붐의 가치를 극대화하기 위한 정확한 계획을 세웠을 것이다. 그는 아마도 그 누구보다도 초기 인터넷 거품에서 많은 것을 챙긴 사람일 것이다. 최고가일 때 주식을 파는 것은 운으로만 되지 않는다. 언제 최고가에 이르게 될 것인지를 5년 전에 미리 알아야 한다. 그리고 최고가일 때 매각할 가격과 시기를 알려면 아주 정확한 계획을 세워야 한다.

나는 그 게임을 이해하지 못했다. 예를 들어 우리 회사는 웹사이트를 만들기 위한 소프트웨어를 개발하는 서비스 회사였다. 우리는 많은 라이브 이벤트를 스트리밍하고 있었다. 우리는 '상품'이라고 부를 수 있는 많은 일들을 하고 있었기 때문에 우리 제품의 브랜드를 만들고 각종 이벤트에서 홍보함으로써 상장을 위한 탄탄대로를 갈 수 있었다. 그랬다면 아마도 당시 상장한 회사의 절반보다 더 많은 수익을 낼 수 있었을 것이다.

그러나 나는 사업상 전혀 세련되지 못했다. 나는 그저 급여를 받고, 약간의 여분의 이익을 낸 다음 회사를 매각해 좀 큰돈을 만지는 것 정도만 생각했다. 이는 대부분의 비즈니스 사이클에서 나쁘지 않은 방법이지만, 큐반이 한 것 같은 방식을 쓰지는 못했다. 나 자신을 나무라고 싶지는 않지만, 나도 큐반과 같은 시기에 사업을 하고 있었고 다른 사람들 못지않은 좋은 상품들을 가지고 있었다. 그러나 돌이켜 생각해 보면, 나는 내 주위에서 백주 대낮에 벌어지고 있는 일에도 제대로 대처하지 못했고 계획도 세우지 못했다. 다른 말로 하자면 나는 확실히 큐반 만큼 똑똑하지 못했다. 모든 것이 게임이다. 규칙을 이해하면 성공할 수 있다.

추잡한 일에는 투자하지 마라

몇 년이 흐른 뒤 2004년에 나는 헤지펀드 회사에서 펀드를 운영하면서 큐반이 투자하기를 원하는지 알아보기 위해 그에게 편지를 썼다. 그는 답장에서 내가 구사하고 있는 특정 전략이 마음에 들지 않는다고 말했다. 나는 파이프 펀드(PIPE Funds, Private Investment in Public Equity)를 운용하고 있었는데, PIPE펀드는 상장회사에 직접 투자하는 펀드로 상장회사들과 비공개 계약을 통해 할인된 가격이나 기타 유리한 조건으로 주식을 취득한다. 기업이 자본을 조달해야 하는데 다른 수단을 통해 자본을 모을 수 없을 때 이런 방식의 거래를 한다. 다시 말해서 최악의 기업이 주로 쓰는 방식이다. 마크는 그런 식의 투자가 추잡하다고 생각했기 때문에 관여하기를 원하지 않았다.

두세 번 편지가 오갔고 그는 매번 답장을 했다. 나는 그와 이 문제에 대해 논쟁하려고 했지만 그는 자신의 처지를 확실히 알고 있었고 거기에서 벗어나지 않았다.

"관심 없소."

그는 자신이 투자한 기업들이 PIPE로 자본을 조달하면 그 기업에서 빠져 나오곤 했다.(메타 검색엔진 회사 Mamma.com이 PIPE를 하자 자신의 지분을 모두 매각한 데 대해 미국 증권거래위원회와 벌인 논쟁이 유명하다.)

그래서 어떻게 되었느냐고? 그가 옳았다. 나는 2006년에 불길한 징조의 냄새를 맡았고 붕괴 사태가 일어나기 전에 자금을 회수하기 시작했다. 결국 2년 후인 2008년에 펀드들이 유동성 부족에 빠진 시가총액 3억 달러 이하의 소규모 회사에서 벗어나지 못하고 금융위기로 추락하면서 파탄이 발생했다. 마크는 어쩌면 그 불길한 징조를 정확히 보지 못했을 수도 있지만, 어쨌든 그는 또 다시 앞으로 4년 후에 일어날 사건을 예견했다.

내가 그에게 배운 것은 이것이다. PIPE는 2004년에도 평판이 나빴지만, 나는 그것이 기회를 가져다주리라 생각했다. 마크는 나쁜 상황에서 낙관론자가 되는 것은 괜찮지만 어리석게 굴면 안 된다는 사실을 정확하게 알고 있었다. 미친 짓을 너무 자주 하다 보면 진짜 미친 사람이 되기 때문이다. 내 투자자들은 무사히 빠져 나왔지만 자칫 훨씬 더 나빠질 수 있었다. 처음부터 큐반의 말을 들었어야 했다.

규칙에 익숙해진 후에야 부자가 될 수 있다

대부분의 사람들은 큐반이 단지 닷컴 붐 덕에 수십억 달러를 벌었으며 그것으로 끝이었다고 생각한다. 그러나 내가 큐반에게 배운 것은 그 다음 일이다. 이는 그 어느 기업가에게도 매우 중요한 일일 것이다. 그는 닷컴 거품이 터지기 전인 1990년에 이미 그의 첫 소프트웨어 회사를 600만 달러에 팔았다. 그것만으로도 여생을 쉽고 편안하게 살 수 있었을 것이다. 그러나 그는 그 후부터 본격적으로 억만장자가 될 수 있다는 자신감을 갖게 되었다.

규칙이 익숙해지고 편안해진 후에야 큰 부자가 될 수 있는 것이다. 너무 일찍부터 큰돈을 벌려고 하면 종국에는 비참해질 수 있다.

흐름을 멈추지 마라

큐반은 다른 사람들이 블로그를 하기 전에 이미 블로그매버릭 닷컴(blogmaverick.com)에서 블로그를 시작했다. 이 사이트 곳곳에서 그의 첫 회사 이야기, 댈러스 매버릭스와 브로드캐스트닷컴에 대한 그의 생각을 볼 수 있다. 그의 머릿속을 엿볼 수 있는 훌륭한 보고인 셈이다. 그 후 그는 블로그 열풍을 예상하고 여러 곳 (IceRocket, Weblogs 등)에 투자했다. 물론 투자는 성공적이었지만, 나는 그가 돈보다는 재미를 위해 그런 투자를 했다고 생각한다. 그는 또 커뮤니티에서 자신의 명성을 유지하기 위해 블로그를 이용했다. 개인 브랜드를 계속 유지하는 것은 매우 가치 있는 일이다.

큐반의 투자 규칙

큐반은 수십억 달러를 벌었고 이제 그가 원하는 것은 무엇이든 할 수 있다. 실제로 그는 자신이 원하는 일을 아주 공개적으로 한다. 그는 영화 체인 회사를 매입하기도 하고 영화를 직접 제작하기도 한다. 그는 또 농구를 좋아하기 때문에(오디오넷을 처음 창업한 것도 인터넷을 통해 모교 대학의 농구 경기를 보고 싶었기 때문이다) 댈러스 매버릭스를 인수했고 아마도 그 가치를 수억 달러나 늘렸을 것이다. 큐반의 투자 방식을 90년대까지 거슬러 올라가 보면, 그에게는 투자할 때 반드시 지키는 몇 가지 규칙이 있다.

1. 당신이 매우 열광하는 것을 찾되, 적어도 1억 명의 다른 사람들도 그것에 엄청나게 열광하고 있다는 점을 유념하라.
2. 그 분야의 회사를 창업하거나 가능한 한 그 분야에 투자하

라. 또한 적극적으로 참여하라. 당신 제품에 관한 한 최고의 열성분자가 되어라.

3. 무엇을 하든 가능한 한 많이 보도되게 하라. 홍보 회사를 이용하지 마라.(큐반이 홍보 회사를 이용할지는 모르지만 사실 그에게는 홍보 회사가 필요 없다. 그는 스스로 자신의 홍보를 하기 때문이다.) 당신의 충만한 에너지로 스스로 흥을 돋우라. 홍보 회사들은 결코 그렇게 할 수 없다.

4. 헛소리에 주의하라. 만약 어떤 일에서 냄새가 난다면 거기서 벗어나라. 만약 어떤 회사가 거품이라고 생각되면 그 회사의 주식을 즉각 팔아라. 이 규칙을 어기면 절대 안 된다.

5. 고객을 사로잡으라. 큐반은 아마도 NBA에서 가장 접근하기 쉬운 구단주일 것이다. 그는 팬들과 직접 이야기를 나누고 기업인들과 블로그를 한다.

2004년인가 2005년에 위블로그(We-blogs)라는 회사를 창업한 유명 벤처 투자자 제이슨 칼라카니스Jason Calacanis를 우연히 만났는데, 그가 큐반에게 자신의 플랫폼에 투자하라고 제안했더니 즉석에서 투자를 결정했다고 말했다. 큐반은 나에 대해 전혀 몰랐고 PIPE에 관심조차 없었는데도 나의 이메일에 답장을 보냈다. 그것은 쉽지 않은 일이다. 나는 하루에 100통의 이메일과 댓글 등에 답글을 쓰는데 여전히 계속 하기가 어렵다. 어쨌든 큐반은 대중 앞에서 모습을 보이지 않은 지 꽤 오래되었지만 여전히 에너지가 충만한 상태로 하던 일을 계속 하고 있다.(브로드캐스트닷컴에서 그의 옛 파트너인 토드 와그너 Todd Wagner로부터 소식을 들은 게 언제던가? 그가 잘 지내고 있을 거라고 확신하지만 그는 큐반만큼 대중적이지는 않다.)

8

투자자들이 진정으로
알고 싶어 하는 것

두 건의 거래에 나와 공동 투자한 한 친구가 내게 인생에 대한 두 가지 조언을 해 주었다.

하나는 "그 사람이 파산을 선언하기 전까지는 그 사람의 가치를 결코 알지 못한다."라는 것이다. 즉 우리 모두가 1억 달러 또는 10억 달러를 가진 부자라고 생각했던 사람이 다음날 신문에 파산했다는 기사가 나온다면. 그제야 그 사람을 제대로 알게 된다는 것이다.

두 번째 조언은 이것이다. "제임스, 자네도 '샤크탱크'를 봐야해." 그 이후 나는 샤크탱크를 매 회 보았고, 전적으로 그의 말에 동의한다.

'샤크탱크'가 무엇인지 모르는 분들을 위해 말씀 드리자면, 샤크탱크는 역대 최고의 창업지원 리얼리티 TV 프로그램이다. 다섯 명의 투자자(샤크, 상어)가 돈(투자)이 필요해 나온 출연자보다 약간 높은 무대에 앉아 있다. 그러면 야심 찬 미래 기업가들이 한 명씩 나와서 자신의 제품을 발표하고 '샤크'들은 바로 그 자리에서 투자할지 여부를 결정한다.

출연한 기업가들은 때로는 굴욕, 비웃음, 모욕을 당하고, 종종 내가 들어본 것 중 가장 어리석은 질문을 받지만, 때로는 좋은 조언을 얻거나, 그들의 사업이 좋은 아이디어라고 생각하는 '샤크'에게서 수표를 챙겨(투자를 받아) 나가기도 한다. 쇼에서 묘사되듯이, '샤크'는 모두 '엄청난 부자'들이고 자신의 돈을 직접 투자한다.

내가 이 쇼에서 배운 것은 다음과 같다. 어떤 아이템은 투자자들에게 좋고, 어떤 아이템은 기업가들에게 좋고, 어떤 아이템은 나에게 좋고, 어떤 아이템은 내 아이들에게 좋다는 것이다.

수학

기업가들이 샤크탱크에 나오면 제일 처음 하는 말은 이것이다. "안녕하세요, 제 이름은 ABC입니다. 제게 10만 달러를 투자하시면 회사의 지분 10%를 드리겠습니다." 그러면 나는 잠시 화면을 정지시키고 우리 아이들에게 이럴 경우 회사의 가치를 얼마로 볼 수 있느냐고 묻는다. 주식 거래자, 투자자, 기업가라면 이 정도 수학은 즉석에서 풀 수 있겠지만 나는 내 아이들도 잘 풀 수 있기를 바랐다. 다행히 그들은 내 바람대로 잘 풀었다. 처음에는 그저 신경질적으로 "내가 어떻게 알아요"라고 대답하다가 끝날 무렵에는 내가 화면을 정시시키기도 전에 불쑥 답을 내뱉었다.

하지만 기업가들은 때로 혼란스러운 수치를 제시하곤 했다. "8만 5,000달러를 투자하시면 제 회사 지분의 15%를 드리겠습니다."라고 말하고는 곧바로 자신의 이야기를 시작한다. 솔직히 말하자면 내 머리로는 그 계산을 정확하고 빠르게 할 수 없다. 나는 이 기업가가 샤크들이 회사의 구체적 가치평가보다 상품에 더 집중할 수 있도록 일부러 그렇게 했는지 늘 궁금했다.

보이는 것이 다가 아니다

샤크탱크는 TV 쇼다. 벤처 캐피털 회사도 아니다. 따라서 모든 것이 겉으로 보이는 것과 같지는 않다. 사실 모든 삶에서 보이는 대로가 전부인 것은 아무것도 없고 그것은 리얼리티 TV 쇼도 마찬가지다. 예를 들어 쇼를 시작하면서 진행자는 "바바라 코코란Barbara Corcoran이 1,000달러의 대출 자금으로 시작해 수억 달러의 부동산 제국으로 성장시켰다."라고 말한다. 그러나 '수억 달러'나 된다는 그녀의 회사를 실제로는 6,000만 달러에 팔았다는 것은 말하지 않는다. 나는 그녀가 그렇게 부자가 아니라고 말하는 것이 아니다. 그녀는 놀랄 만큼 똑똑하고 성공했다. 하지만 TV 쇼는 그것을 과장한다. 쇼 내내 그런 속임수가 나온다.

샤크들 중 가장 밉살스럽게 행동하는 케빈 올리어리Kevin O'Leary는 "차고에서 소프트웨어 회사를 창업해 37억 달러에 팔았다."라고 묘사된다. 사실이긴 하다. 그는 교육 회사를 세운 후 그 회사를 장남감 회사 마텔Mattel에 팔았다. 그들이 말하지 않는 것은 그가 과연 그 회사의 지분을 얼마나 가지고 있었느냐다.(우리는 그의 지분을 추정할 수 있다.) 그는 분명히 그 회사로 돈을 좀 벌었다. 그러나 이미 앞서 수백 개의 회사를 사들이기도 했다. 그 모든 회사에서 주식의 일부만 매입했다 해도 그의 소유권은 상당히 분산되었을 것이다. 따라서 각 회사에 대한 그의 지분은 매우 적었을 것이다.

그리고 마텔은 그의 회사를 인수한 이후 실적 예상치를 계속 달성하지 못했다. 실제로 여러 언론들은 마텔이 케빈의 회사를 인수한 것을 놓고 '역사상 최악의 인수 중 하나'라고 표현했다. 하지만 충분히 그럴 만도 하다. 케빈은 이 매각 성공으로 사업의 방향을 완전히 벤처 캐피털로 선회했다. 내 생각에 그가 샤크탱크에서 출연한 기업가들에게 써 준 수표는 (개인의 돈이 아니라) 그의 벤처 캐피털 회사 돈이었을 것이다. 나는 모든 샤크에게 이런 식의 훈련을 적용해 보았는데(마크 큐반을 제외하고), 쇼에 나온 출연자들의 설명에만 의존해서 투자 결정을 내리지는 않는다는 점

을 발견했다.(마크 큐반을 제외하고)

쇼에 나오는 사람들, 즉 투자자들에게 사업 설명을 하는 경우 내가 하는 권고는 자신의 사업 설명을 듣는 사람들(샤크/투자자)의 뒷배경을 주의 깊게 연구하라는 것이다. 그런 배경을 알아두면 실제 사업 설명에서 유리하게 사용할 여러 가지 방법이 있기 때문이다. 특히 샤크들은 공적으로는 위선적으로 행동할 수 있기 때문에, 다른 많은 출처를 통해 그들의 실제 순자산, 성공, 실패, 관심, 싫어하는 것들을 알아 두는 것이 좋다.

물건을 파는 것이 아니라 꿈을 파는 것이다

많은 기업가들이 쇼에 나와서 "나는 작년에 차고에서 이 제품을 1만 1,000달러어치나 팔았다."라고 말한다. 이런 사람들은 결국 이 쇼에서 아무런 투자도 받지 못한다. 샤크들 중에 매출 1만 1,000달러에 관심을 갖는 사람은 아무도 없다. 샤크들은 작년 한 해 동안 거의 100만 달러에 가까운 매출을 올렸다 해도 그리 신경 쓰지 않는다.(games2u.com이라는 회사가 좋은 예다. 내 생각에는 훌륭한 회사였지만 투자하겠다고 나서는 샤크가 아무도 없었다.) 반면 매출이 전혀 없는 회사들이 샤크의 투자를 받았다. 샤크들이 진정으로 알고 싶은 바는 다음과 같은 것들이다.

'좋은 제품이 있는가?' '그 제품의 시장 규모가 얼마나 되는지 알고 있는가?' '비즈니스 모델에 대한 감각이 있는가?' 그리고 때

로는 '얼마나 큰 꿈을 가지고 있는가?'

당신이 좋은 제품을 가지고 있다는 것을 그들이 어떻게 판단할까? 그들은 당신의 배경, 그리고 제품을 만드는 데 필요한 기술적 전문지식이 있는지, 특허가 있는지 등을 통해 그것을 파악한다. 당신이 "세 개의 유통점이 제품 구매 주문을 했다."라고 말한다면 그런 말을 통해서도 판단한다. 설령 당신이 단 한 푼의 매출도 올린 적이 없어도 사람들이 당신에게 관심을 가지고 있고 당신의 제품이 특별하다는 것을 보여줄 수만 있다면 투자 제안을 받을 수 있다. 반면 당신이 "나는 다른 직업을 가지고 있지만 지난 3년 동안 5만 3,000달러의 매출을 올렸다."라고 말한다면 당신은 결코 투지를 받지 못할 것이다.

꿈을 팔아라. 어설픈 매출로 투자 기회를 날려버리지 않으려거든 차라리 매출이 없는 것이 더 낫다.

인색하게 굴지 마라

물론 인색하게 구는 것도 나쁘지는 않다. 그 점은 잠시 후에 설명하겠다. 하지만 만약 당신이 샤크탱크에 나가서 "100달러를 투자하면 회사 지분 25%를 주겠다."고 말했을 때, 샤크 중 한 명이 "당신 회사는 매출이 없으니 100달러를 투자하면 지분의 40%를 달라."라고 말하면 그냥 "예"라고 대답하라. 지분 비율이 뭐가 중요한가?

쇼의 어느 회에선가 큐반이 말했듯이 "매출이 전혀 없는 회사의 100% 지분보다 매출 1억 달러 회사 지분 20%를 갖는 것이 낫다."

내가 성공적으로 매각했던 한 회사의 경우, 나는 내 파트너가 지분 10%를 갖기를 원했다. 그러나 그들은 50%의 지분을 요구했다. 나는 그들의 요구를 들어주고 4개월 후에 회사를 팔았다. 바로 그들에게 말이다! 그들이 50%의 지분을 갖게 되자 회사에 더 신경을 써야 했기 때문이다. 만일 그들이 10%만 보유하고 있었다면 그렇게 신경 쓰지 않았을 것이다.

하지만 필요할 때에는 인색하게 굴어야 한다. 만약 마크 큐반이 10만 달러 투자의 대가로 당신 회사의 지분 30%를 원한다면, 밀어붙여 더 많은 금액을 요구하라. 협상에서 가격은 종종 가장 덜 중요한 부분이다.

그에게 요구하라. "나를 넷플릭스에 소개해 주실 수 있나요?" "댈러스 매버릭스의 판촉 계약을 제게 주시겠습니까?" "우리 제품을 전문으로 판매하도록 도와줄 유통점들이 있을까요?" 등.

돈 외에 거래의 모든 부분에서 가치를 얻어내라. 돈은 그저 단기간 동안 당신의 사업을 구하거나 도와줄 수 있을 뿐이다. 그보다는 올바른 거래와 관계가 당신을 성공하게 만들어 줄 것이다. 그래서 샤크들이 소액의 금액을 말하더라도 그들의 의중에 있는 더 많은 가치를 확보하도록 노력해야 한다. 샤크들이 제안한 거래 조건을 받기 원한다면 받아 들여라. 최대한의 가치를 확보할 수만 있다면.

'아니면 말고' 식의 거래 조건(hail mary deal)은 받아들이지 마라.

케빈 올리어리는 이런 거래 방식으로 유명하다. 그는 다른 샤크들이 "나는 빠지겠다"라고 말하길 기다리면 결국 최후에 자신만이 그 기업가에게 남은 유일한 기회가 될 것임을 잘 안다. 그런 상황이 되면 출연 기업가의 요구 조건은 전혀 중요하지 않은 문제가 되어 버린다. 해당 기업이 성장하고 있고 매출 100만 달러의 이익을 내고 있다 해도 케빈 올리어리는 그런 것에는 전혀 개의치 않는다. 그때가 되면 그는 '아니면 말고' 식의 제의를 한다. 예를 들어 기업가가 자기 회사의 가치를 500만 달러로 평가하고 50만 달러를 투자하면 10%의 지분을 주겠다고 말했다고 가정해 보자. 비록 그 계산이 합리적이라 해도 그는 개의치 않고 이렇게 말한다.

"50만 달러를 투자할 테니 51%의 지분을 주시오."

기업가가 그의 제안을 받아들이든 거절하든 그에게는 중요하지 않다. 만약 그 기업가가 '예'라고 말한다면 그는 수지맞는 거래를 한 것이다. 투자한 돈보다 더 가치 있다는 것을 뻔히 알고 있는 회사의 지배권을 갖게 되었으니까 말이다. 만약 그 기업가가 '안 된다'고 거절해도 그가 손해 볼 일은 없다. 10명 중 1명은 '예'라고 말할 테고 그는 그것을 끝까지 기다리면 된다.

기업가들의 정보원이 되라

케빈 올리어리는 샤크로서 두 가지 다른 기술을 가지고 있다. 그 쇼에서 그가 샤크로서 보여준 인격은 비난 받아 마땅하지만 감탄스럽기도 하다. 투자 받기를 원하는 사업가는 어떻게든 그의 호감을 사기 위해 애쓸 테니 그의 그런 인격이 다양한 방식으로 자산이 되겠지만, 그건 내가 칭찬할 만한 기술이 아니다.

케빈이 쓰는 한 가지 기술은 한두 명의 샤크가 투자 제안을 하는 동안 그대로 자리에 가만히 앉아 있는 것이다. 그리고는 그 기업가에게 방을 나가라고 한 다음, 투자 제안을 한 샤크들에게 돌아앉으면서 "함께 힘을 합쳐 공동으로 대응합시다."라고 말한다.

그 사업가가 다시 방으로 돌아오면, 이전에 두세 개의 경쟁 제안(복수의 투자 제안이 경쟁을 이루는 것이 기업가들이 항상 원하는 것이다)이 이제 단 하나의 통합된 제안으로 바뀐 상황을 보게 된다. 기업가는 그 통합된 제안을 수락할 지 1분 이내에 결정해야 하는데, 그 통합 제안은 이전에 했던 제안보다 더 나쁘다. 케빈은 샤크들 간의 경쟁을 '전부 아니면 전무'의 거래 조건으로 바꾸어 버리고, 자신은 어떻게 되든 '잃을 게 없는' 상황으로 만든다.

그가 사용하는 또 다른 기술은 기업가의 정보원이 되는 것이다. 마치 자기가 기업가의 친구라도 되는 것처럼 말이다. 예를 들어 서너 명의 샤크들이 서로 투자 제안을 하면서 경쟁하는 상황이 생길 수 있다.

그러면 케빈이 나서서 "좋아, 네 가지 투자 제안을 요약하자면 이렇소."라고 말한다. 마치 자신이 기업가의 정보원인 것처럼 행동하는 것이다. 그는 자신이 갑자기 '은행'이 되어, 마치 네 가지 제안을 모두 자신이 통제하고 있는 것처럼 보이게 한다. 자신이 원하는 방식으로 네 가지 투자 제안을 제멋대로 휘저어 놓으며 그것이 마치 쇼의 정상적인 절차인 것처럼 행동함으로써 다른 샤크들의 입을 막아버린다. 고객은 '은행'과 거래하기를 원하기 때문에 케빈은 자신이 '은행'인 것처럼 행동하면서 다른 경쟁 샤크보다 유리한 위치를 차지하는 것이다.

금액이 맞지 않으면 거래는 성사되지 않는다

기업가가 쇼에 나와 회사 지분 10%에 100달러를 요구하거나 5%에 300달러를 받겠다고 한다면 여러 번 투자 계약을 체결할 수 있을 것이다. 거래가 이루어지면 투자한 샤크와 투자를 받은 기업가는 웃으며 악수한다.(만일 기업가의 가슴이 크고 샤크가 남자라면 포옹도 마다하지 않을 것이다.)

다 좋다. 샤크탱크의 연출자이자 리얼리티 TV 쇼의 제왕 마크 버넷Mark Burnett의 리얼리티 쇼에는 대개 방송 후 인터뷰가 나오는데, 여기에서 기업가는 몹시 흥분하며 이렇게 말한다. "오, 예! 방금 '샤크탱크'에서 투자를 받았어! 오 예!"

하지만 내 생각엔 이 거래들 대부분은 최종적으로 성사되지 않는 것 같다. 물론 입증되지 않은 증거밖에 없지만. 방송 후에 몇몇 회사를 조사해 봤는데, 그들은 새로운 투자자에 대한 언급을 일체 하지 않았다.

하이콘(HyConn)이라는 회사는 샤크탱크에서 마크 큐반에게 125만 달러에 회사 지분 100%를 넘기면서 3년 고용 유지와 로열티를 받는 것으로 합의했다. 전직 소방대원인 제프 스트루프 Jeff Stroope가 창업한 이 회사는 수도꼭지에 호스를 쉽게 부착할 수 있는 장치를 파는 회사였다. 하지만 그의 페이스북에 들어가 보면, 그는 다른 투자자 그룹에 대해 이야기하면서 마크 큐반과의 거래는 성사되지 않았다고 말한다. 자세한 설명도 없다.

모든 거래는 몇 단계를 거친다. 실제 매출 확인, 투자를 위한 초기 질문, 투자 제안 경매(해당되는 경우), 투자 제안 수락, 허니문 기간, 자산 실사, 법적 계약, 그 와중에 투자자든 기업가 측이든 후회하는 과정도 있을 수 있다. 그 모든 것이 끝난 후에 돈이 오고 간다. 샤크탱크 쇼는 시청자들에게 '제안이 수락되는 장면'만 보여주지만, 그 이후 어느 시점에서든 그 거래는 실패할 가능성이 많다. 이것이 개인 간의 관계를 포함해 어떤 거래에서도 기억해야 할 중요한 점이다.

누가 나와 맞는지 파악하라

기업가가 처음 문을 열고 스튜디오 안에 들어서면, 나와 내 딸들은 어떤 샤크가 그 기업가와 잘 맞을지 미리 알아맞추기를 하는데, 우리의 생각이 대개 옳은 것으로 밝혀진다.

만약 의류 아이디어인 경우, 데이몬드 존이 그 기업을 선택하지 않는다면 얘기는 끝난 것이나 다름없다. 제품이 홈쇼핑에 좋을 것처럼 보이는 경우(예를 들어 팔 굽혀 펴기를 더 쉽게 해주는 푸시업 머신), 홈쇼핑 전문가가 마음에 들지 않는다면 그 거래는 이루어지지 않는다. 또 제품이 인터넷과 관련된 것인데 마크 큐반이 좋아하지 않는다면, 그 회사 또한 투자를 성사시키지 못할 것이다.

이런 관점은 투자자로서 내게 매우 유익하다. 나는 비상장 기업에 투자할 때 너무 깊게 생각하는 것을 좋아하지 않는다. 나는 단지 그 업계의 전문 투자자들이 나와 함께 투자하고 있는지 알고 싶을 뿐이다.

사실 케빈 올리어리에게는 또 다른 속임수가 있다. 그는 겉으로 표를 내지 않고 조용히 기다리면서도 홈쇼핑 전문가가 투자하고 있다는 것을 눈치채면 곧바로 행동에 옮기며 그와 파트너 관계를 유지하려고 애쓴다. 그 홈쇼핑 전문가가 홈쇼핑 프로그램을 만들고 홈쇼핑에 출연하며 힘든 일을 모두 도맡아 하리라는 것을 알고 있기 때문이다. 이런 관점은 기업가들에게도 유용하다. 제품 설명을 할 때 내게 맞는 사람에게 초점을 맞춰야 하기 때문이다. 당신이 소방서에 판매할 수 있는 제품을 가지고 있는데 부동산의 여왕 바바라 코코란에게 설명할 필요는 없을 것이다.

할 수 있는 한 조언을 구하라

제품을 설명하는 기업가 중에는 잘못된 생각을 갖고 있는 사람도 있다. 예를 들어, 당신이 청바지를 팔고 있는데, 데이몬드 존이 그것을 사고 싶어하지 않는다면, 당신은 잘못된 생각을 갖고 있는 것이 틀림없다. 그런데 샤크탱크에서 제품 설명을 하는 기업가가 "내가 이 설명에서 무엇을 잘못했습니까?"라고 묻는 경우는 한 번밖에 보지 못했다.

그 경우에서도 샤크들이 그에게 조언을 해 주었을 때 그는 방어적이고 모욕적인 태도를 보였다. 샤크탱크에서 투자를 성사시키지 못했다면 무엇이 잘못되었는지 배우고, 제품을 수정하거나 접근 방식을 바꾸거나 새 비즈니스를 고민해야한다. 샤크탱크에서 투자를 받지 못했더라도 그것으로 당신 인생이 끝난 것은 아니다.

투자 성사 여부는 아무도 상관하지 않는다

당신은 최소 두세 번 재방송될 뿐 아니라 애플 아이튠즈(iTunes)를 통해 엄청나게 퍼지는 전국 TV방송 쇼에서 15분 동안 제품을 발표했다고 하자. 그만큼 광고를 하려면 최소한 100만 달러 이상은 들 것이다. 투자를 받았는지 여부는 아무도 신경 쓰지 않는다.

제품이 좋든 나쁘든 TV방송으로 많은 관심을 끌게 될 것이며 주문도 폭주할 것이다. 당신 회사의 웹사이트를 확실하게 준비하고 공짜로 알려진 것에 감사하라. 기업가 중에는 투자를 받지 못하자 우는 사람도 있었다. 기업가는 모든 상황과 기회를 이용할 줄 알아야 한다. 100만 달러의 가치가 있는 무료 광고와, 모욕적으로 들릴 수도 있는 억만장자들의 훌륭한 조언은 당신과 당신 회사에 매우 좋은 경험이다. 그것을 최대한 활용하는 게 맞다.

9

토니 로빈스의 방식,
표적을 가까이 가져오라.

토니 로빈스Tony Robbins의 집에 도착했을 때 그들은 우리가
특히 그의 운동화를 촬영하는 것을 금지했다. 내가 카메라를 꺼
내자 그의 비서가 머리를 저으며 "안 됩니다"라고 말했다. 사진을
찍고 싶은 마음이 더 커졌지만 결국 찍지 않았다. 모두들 신발을
벗었다. 그냥 평범한 신발이었고 그 옆에 그의 운동화도 놓여 있
었다.

2001년에 내 사업 파트너는 몹시 부끄러워하며 말했다. "내가
요즘 누구 책을 읽고 있는지 아나?" 우리는 같은 책을 읽고 있다
는 것을 알게 되었다. 둘 다 토니 로빈스의 책 『네 안에 잠든 거

인을 깨워라』을 읽고 있었던 것이다. 하지만 그 책들은 너무 오래 전에 쓴 것이어서 그가 언젠가는 새 책을 출판할 거라 생각하고 수시로 서점에 갔다. 하지만 그는 새 책을 내지 않았다. 그는 2014년이 되어서야 10년 만에 새 책을 냈다. 새 책 제목인 『돈』(Money)은 내가 많이 알고 있다고 생각하면서도 때로는 아는 것이 하나도 없다고 여겨지는 주제다. 나는 헤지펀드 회사를 운영했고, 그 회사에서 펀드를 직접 운영하면서 수십억 달러의 자금을 운용하는 자산 관리자들에게 조언도 했다.

토니는 한 발 더 나아가 세계 최고의 자산 관리자들을 인터뷰하면서 그들이 하는 일을 낱낱이 파헤쳤다. 그는 그 책에서 아직도 여전한 월가의 사기꾼들을 많이 폭로했다. 그러면서 누구나 따라 할 수 있는 간단한 조언을 곁들인다. 그래서 망설임 없이 바로 그 책을 사서 읽었다. 책을 다 읽고 나니 돈에 관한 그의 지혜를 배우고 싶었다. 그래서 그에게 전화를 걸어 인터뷰를 요청했고, 그렇게 토니 로빈스의 집에 방문하게 된 것이다. 우리는 한 시간 동안 이야기를 나눴다. 그의 책과 그와의 대담을 통해 배운 것은 다음과 같다. 금전적인 이야기는 대부분 생략할 것이다. 사기꾼들, 그런 사기꾼을 피하는 방법, 그리고 그가 이야기를 나눈 놀라운 사람들과의 인터뷰는 책에 다 나와 있다. 내가 개인적으로 배운 것만 여기 소개한다.

허접한 질문을 하면 허접한 답밖에 들을 수 없다

많은 사람들이 이렇게 얘기한다. "왜 하필 나한테 이런 일이 일어났을까?" "내가 잘 하고 있던 직장을 왜 잃었을까?"

이런 것들이 바로 허접한 질문이다. 이런 질문으로는 당신의 인생을 더 좋게 만드는 답을 얻을 수 없다. 당시 내 삶은 쓰라리고 원망스럽고, 분노로 가득 차 있었다. 분노는 두려움의 한 형태다. 나는 늘 빈털터리가 될까 봐 두려웠다. 만약 빈털터리가 된다면, 차라리 죽는 게 더 나을 것 같았다. 그때의 내 질문은 허접했다. 두려움에 휩싸인 질문이었다.

좋은 질문을 해야 한다. "어떻게 하면 삶이 더 나아질까?" "어떻게 하면 더 좋은 직업을 찾을 수 있을까?" "어떻게 하면 내가 이것을 잃어도 감사할 수 있을까?"

왜냐하면 모든 문제의 이면에는 어렵지만 배움과 감사의 씨앗이 들어 있고, 언제나 그것이 당신의 삶을 나아지게 만들고 문제를 해결해 주기 때문이다.

무엇이든 숙달하려거든 전문가와 대화하라

토니는 24살 시절에 군인들이 사격을 더 잘할 수 있도록 가르치고 싶었다고 말했다. 그는 웃으면서 카랑카랑한 목소리로 말했다. "사실 나는 평생 총을 쏴 본 적도 없었거든요." 그는 자신이 그 일을 잘 하지 못할까 봐 두려워했다.

그는 이 문제를 어떻게 해결했을까? 그는 5명의 뛰어난 명사수들과 이야기를 나누었고 그들의 공통점이 무엇인지 알아낸 다음, 그 기술을 사용해 훈련병들의 성적을 50%나 끌어 올렸다.

표적을 가까이 가져오라

그가 특히 자주 사용한 방법은 모든 훈련병에게 목표물을 불과 몇 피트 앞으로 가져오게 하는 것이었다. 모두 목표물에 적중했다. 다음에 표적을 1피트 더 뒤로 옮겼다. 또 적중했다. 그런 식으로 표적을 계속 1피트 뒤로 옮겼다.

이 방법은 인생의 모든 일에 적용된다. 마크 큐반이 말해준 예를 들어보자. 그가 처음부터 브로드캐스트닷컴을 시작하고 10억 달러를 번 것은 아니었다. 그는 처음에 술집을 시작했다. 그 다음에 컴퓨터 사업을 시작했고, 그 다음에 헤지펀드로 이어졌다. 그는 표적을 아주 가까운 곳까지 가져왔고, 각 단계에서 성공하면서 표적을 점점 더 멀리 옮겨갔다.

내 딸이 12살일 때 테니스 서브를 넣는 방법을 가르쳤던 것이 생각난다. "이 큰 상자에 공을 쳐 넣기만 하면 돼." 그녀가 연속해서 10개를 다 성공하면 조금씩 뒤로 물어나게 하는 식으로 해서 마침내 베이스라인까지 물러나게 했다. 지금 그녀는 팀에서 가장 한결같이 서브를 넣을 수 있는 선수가 되었다.(내 자랑이다)

목표를 다르게 바라보라

한 번은 토니가 사람들에게 목표가 무엇인지 물었다. 한 남자가 말했다. "나는 10억 달러를 벌고 싶어요!" 처음에는 이 목표가 대단한 목표처럼 보일 것이다. 목표는 높게 설정하라! 이런 끔직한 속담이 있다. "달을 향해 쏴라. 달을 못 맞춰도 별 하나는 맞출 테니까."

그러나 토니는 이 남자가 자신의 목표를 제대로 이해하지 못하고 있다고 말했다.

그는 그의 목표를 분석해 나갔다. "왜 10억 달러를 원하시나요?" 그 남자가 대답했다. "내 개인 비행기를 살 거예요." 토니가 말했다. "개인 비행기의 가격은 1억 달러에 불과합니다. 그리고 당신은 기껏해야 일 년에 12번 정도 그 비행기를 이용할 것입니다. 제트기를 전세 내도 전세비가 시간당 3만 달러이니 1억 달러를 다 쓰려면 평생 걸릴 것입니다." 이제 그 남자는 더 이상 10억 달러가 필요하지 않았다. 그가 필요한 돈은 이제 1억 달러로 바뀌었다.

토니는 "강의가 끝날 무렵에, 10억 달러가 필요하다고 말했던 그 남자의 목표가 정확한 라이프 스타일을 달성하는 것으로 바뀌었고, 그러기 위해서 필요한 돈은 1000만 달러면 충분했지요."라고 말했다. 물론 1000만 달러도 여전히 엄청난 돈이지만, 이것이 토니가 목표물을 더 가깝게 가져오는 방식이었다.

전문가들은 그들이 아무것도 모른다는 사실을 안다

나는 "시장이 제로로 가고 있다!" "이 주식은 1000% 오를 것이다!"라고 주장하는 스팸 금융 뉴스레터를 늘 받는다. 현실은 전문가들은 아는 게 하나도 없다(제로)는 것이다. 토니가 인터뷰한 모든 투자 전문가는 계획 B만 가지고 있는 것이 아니었다. 그들은 계획 C, D, E까지 가지고 있었다. 그 사업에서 최고의 전문가들은 자신들이 아무것도 모른다는 점을 인정한다. 아무도 미래를 예측할 수 없다. 무슨 일이든 일어날 수 있다. 이른 바 '미래 사업'에서 벗어났을 때 나는 훨씬 더 행복했다. 나는 대신 가능성 있는 사업에 착수했다.

이것이 나를 훨씬 더 성공하게 만들었다. 가능한 사업을 먼저 하고 미래 사업은 남겨두어라.

그의 에너지는 감염된다

누군가가 내게 토니는 만 명의 사람들 앞에서 연설하기 전에 트램펄린 위에서 펄쩍펄쩍 뛰는 운동을 한다고 말했다. 그는 늘 에너지가 가득 차 있기를 원한다. 내가 최근에 TED 강연을 할 때 그 생각이 났는데, 안타깝게도 트램펄린이 없었다. 하지만 그건 사실이다. 토니가 우리와 이야기하기 위해 아래층으로 내려왔을 때, 그는 자신의 책이 사람들을 도울 수 있다는 것에 매우 흥분해 있었다. 그래서 나도 돈을 주제로 하는 책을 다시 쓰고 싶어졌다.

그의 집에서 나온 후에도(엄청 큰 집이었다) 우리가 할 수 있는 창의적인 일에 대한 아이디어가 너무 많이 떠올라 차를 길 한 쪽에 세우고 마음을 가라앉혀야 할 정도였다. 그래서 프랜차이즈 레스토랑 치즈케이크 팩토리(Cheesecake Factory)에 가서 배 터지게 먹었다.

토니 로빈스의 방식

인터뷰에서 나는 종종 이렇게 말한다. "그래, 알았어요. 당신도 토니 로빈스의 방식을 쓰시는군요."

나는 토니 로빈스의 방식을 다음과 같이 정의한다.

● 처음에는 그 분야에 대해 아는 것이 하나도 없다.
● 세계 최고의 전문가 다섯 명을 찾는다.
● 그들과 폭 넓게 인터뷰한다.(그들에 대해 공부한다)
● 그 전문가들이 공통적으로 가지고 있는 가장 간단한 것을 파악한다.
● 그 간단한 것을 계속 반복해서 실행한다.

그것이 당신이 성공하는 방법이다.

확실성과 다양성이 모두 필요하다

우리는 모두 다음 끼니를 어떻게 해결해야 할지 그 대책을 알고 있어야 한다. 다음 키스도, 그리고 아마도 여러 가지 미래 일들까지도 말이다. 우리는 안정된 생활을 갈망한다. 그것이 지난 100년간 기업 일자리들이 그렇게 멋지게 보이고 (안타깝게도 이제 그런 시대가 끝나가고 있지만), '연간 9%의 수익을 보장한다'는 각종 뮤추얼 펀드 광고가 그렇게 매력적으로 들린 이유다. 그러나 사실 그렇게 얻어지는 안정의 대부분은 거짓말이다. 나의 경우, 돈 버는 원천이 다양하면 안정적이 될 것이다. 매일 새로운 아이디어가 떠오른다면 그렇지 않을 때보다 삶이 더 안정될 것이다.

하지만 우리에게는 안정성 못지않게 다양성도 필요하다. 만일 해마다 똑같은 일상만 반복한다면 당신은 결혼 생활을 견디지 못할 것이다.(권태기) 일도 지루해질 것이다. 우리 인생은 단 한 번뿐이다. 그렇다고 결혼 생활을 포기하거나 직장을 그만두라는 얘기가 아니다. 항상 배워야 할 새로운 것을 찾아라. 항상 스스로도 놀랄 새로운 방식을 찾아라. 똑같은 삶에서 벗어날 새로운 방법을 찾아야한다.

확실성과 불확실성은 뒤엉켜 춤을 추며 우리를 인간답게 만든다. 그래서 우리는 종종 어느 한 쪽으로 너무 많이 치우치기도 한다. 하지만 댄스 플로어에서 그렇게 치우치면 넘어지기 쉽다. 토니는 그의 책에서 이것을 재정적 감각으로 묘사한다. 그의 목표는 금융업계의 거짓말을 폭로하고 당신으로 하여금 그곳에서 어떻게 안정을 찾을 것인지 생각하게 함으로써 각자의 인생에서 삶의 다양성을 찾도록 하는 것이다.

당신이 감사하고 있다는 것을 사람들에게 보여줘라

특정 뉴런 사이에서 전기를 빠르게 통과시키게 하는 뇌 전체의 강력한 신경 회로는 어린 시절에 구축된다. 우리가 나이가 들었을 때보다 어릴 때 배우는 것이 더 쉬운 이유가 그 때문이다. 사람은 20세가 넘으면, 미엘린(myelin)이라는 물질로 신경 회로를 보호하는 기능을 상실하게 된다. 미엘린은 신경을 통해 전달되는 전기신호가 누출되거나 흩어지지 않게 보호하는 물질이다. 따라서 우리의 기본 지능은 이 물질에 의해 좌우된다. 미엘린이 신경 회로를 보호해야 가능한 한 많은 신경 회로를 만들 수 있기 때문이다.

나는 회사, 개인, 가족관계 등 모든 관계에서도 똑같은 일이 일어난다고 생각한다. 그런 관계가 처음 시작될 때(어린 시절에 해당) 우리는 우리 주변에 '관계 미엘린'을 배출한다. 바로 사람들에게 정직하게 행하고, 감사를 표시하고, 관계를 이용하지 않고, 사람들을 올바르게 대함으로써 관계를 평생 지속될 수 있는 것으로 발전시키는 것이다.

만약 누군가가 당신을 위해 무언가를 해준다면, 반드시 감사함을 표시하라.

많은 사람들을 섬겨라

토니는 인터뷰에서 캘리포니아에서 플로리다로 이사하면서 세금을 얼마나 절약했는지 구체적으로 말했다. 매우 큰 금액이었다. 그는 큰 집을 가지고 있고, 그동안 300만 명 앞에서 연설했으며, 5천만 명에게 재정적 도움을 주었다. 이 모든 것이 그가 30년에 걸쳐 쌓아온 과정이다. 그가 자신이 그렇게 할 수 있었던 것은 많은 사람을 섬기는 자세로 대했기 때문이라고 말했다. 끊임없이 다른 사람들에게 가치를 더해주면(재정적으로 그들을 도우면), 그 가치는 당신에게 되돌아온다. 아주 자연스럽게.

물론 토니 로빈스를 비판하는 사람도 분명히 있다. 하지만 나는 그가 13년 전에 내가 힘든 시간을 헤쳐나가도록 도와줬다는 것을 잊지 못한다. 어쩌면 그는 내 생명의 은인일 수도 있다. 나는 그가 나뿐 아니라 다른 많은 사람들을 도왔다는 것을 안다. 사람들은 자신이 도움이 필요하다는 사실을 인정하기를 두려워하는 것 같다. 나도 도움이 필요하다고 말하는 게 매우 부끄러웠다. 그러나 하나의 사회공동체로서 우리는 사람들을 돕고 도움을 기꺼이 받아들임으로써 성장한다. 사람들은 때로 '스스로 선택하는 것'을 이기적인 개념이라고 생각한다. 하지만 그것이 다른 사람들을 도울 수 있는 힘을 기르는 유일한 방법이다. 그것은 또한 당신이 솔직하게 굴복하는 유일한 방법이기도 하다. 어떤 인위적인 힘에 굴복하는 것이 아니라 바로 당신 안에 있는 강력한 힘에 굴복하는 것이다.

10
제대로 된 배움은
보고 싶은 것만 볼 수 없다.

나는 딸아이와 테니스를 칠 때 가끔 딸아이의 작은 다리로는 빨리 달려가 받을 수 없을 정도로 최대한 공을 세게 치거나 딸아이 쪽으로 공을 치는 바람에 아이가 화를 내기도 한다. 어떤 사람들은 내게 말한다. "좀 살살 쳐서 가끔은 아이가 이기게 하라."라고. 하지만 나는 그렇게 봐주는 것을 좋아하지 않는다. 내 아버지가 내게 그렇게 하시곤 했는데 그럴 때마다 나는 아버지에게 라켓을 던지곤 했다.

배우는 방법에는 두 가지가 있다. 수동적으로 배우는 것과 적극적으로 배우는 것.

수동적으로 자신의 실수를 연구하고, 배우고 있는 것의 역사를 읽고, 같은 처지의 배우는 사람들을 찾아 네트워크를 형성하고, 멘토를 찾는 것 등은 수동적인 방법이다.

그러나 배움의 한 가운데 있을 때에는 적극적인 자세가 맞는 것 같다. 공이 앞으로 날아오는 긴박한 상황에서 어떻게 할 것인가? 머릿속으로 생각하는 것은 수동적인 자세다. '지금 바로' 그것을 알아차리고 동작을 취하는 것이 공격적인 자세다. 머릿속으로 생각하는 것은 중요하다. 그러나 영웅을 만드는 것은 행동이다.

한번은 수백만 달러짜리 대형 소프트웨어 프로젝트가 진행 중에 있었다. 우리는 올랜도에서 타임워너의 '쌍방향 TV' 프로그래밍을 실험하고 있었다. 지금은 누구나 애플 TV로 스트리밍을 즐기지만 당시 우리는 그 첫 번째 버전을 시도하고 있었다. 나는 내가 무엇을 하고 있는지 전혀 몰랐기 때문에 그에 대해 빨리 배우거나 아니면 해고당할 수밖에 없었다.

나는 거만한 태도로, 타임워너가 '인터넷'을 사용해 고객의 가정에 동영상을 제공해야 할 것이라고 사장에게 제안했다. 때는 1994년이었다.

사장이 말했다. "제임스! 인터넷은 학계에서 이미 잘 알려져 있다네. 이 케이블 회사(타임워너) 친구들이 자기네가 무엇을 해야 할지 자네보다 더 잘 알고 있다네."

그래서 나는 이 모든 프로그래밍 기술들을 아주 빨리 배워야 했고(그렇지 않으면 해고될 테니까) 그 기술들은 결과적으로 그 후 여러 해 동안 내게 큰 도움이 되었다.

또 한 번은 내가 직원들의 급여도 제대로 주지 못할 것 같은 회사의 CEO노릇을 할 때의 얘기다. 나는 한밤중에 일어나 회사가 성공할 수 있을지 계산해 보곤 했다. 우리가 과연 살아남을 수 있을지, 내가 과연 살아남을 수 있을지. 나는 평생 아무것도 팔아본 적이 없는 사람이다. 그래서 세일즈맨이 되는 법을 속성으로 배워야 했다. 그렇지 않으면 직원들의 급여도 주지 못할 테니까. 내가 영업을 아주 잘했는지는 모르겠다. 하지만 빠르게 배운 셈치고는 괜찮았다. 나는 지금도 배우고 있다. 지난 30년 동안 사람들을 가르치고 또한 압박감 속에서 무언가를 배우면서 나는 빨리 배울 수 있는 최고의 적극적 기술을 발견했다.

바로 브루스 리(이소룡)가 사용한 기법이다.

브루스 리는 이렇게 말했다. "나는 1만 가지의 킥을 연습한 사람은 두렵지 않다. 그러나 한 가지 킥을 1만 번 연습한 사람은 무섭다."

내 딸 몰리는 서브를 백핸드로 받는 것을 어려워했다. 그래서 나는 테니스 공 200개를 사서 그녀를 코트 왼쪽에 서게 하고 코트 왼쪽 칸의 왼쪽 구석으로 200개의 서브를 날렸다. 계속 반복했다. 좀처럼 늘지 않았다. 그녀가 겨우 공을 받으면 나는 곧바로 다음 공을 날렸다. 좀 더 세게 그리고 회전을 강하게 넣어서. 그녀가 서브를 받아낸 건 아마도 5%밖에 되지 않았을 것이다. 그녀는 울면서 "정말 지긋지긋해요!"라고 말했다. 그러면 나는 그녀에게 이렇게 말했다. "걱정하지 마. 너의 뇌는 그것을 지금 배웠겠지만 네 몸은 잠잘 때 배울 테니까."

다음날 우리는 다시 반복했다. 무슨 일이 벌어졌는지 아는가? 그녀는 60%의 서브를 받아냈다. 그녀는 내내 웃었다. 그리고 말했다. "아빠, 나 많이 좋아졌어!"

내가 말했다. "걱정하지 마. 다시 또 나빠질 테니까."

"실패해도 슬퍼하지 말고, 성공해도 기뻐할 거 없단다. 새로운 단계마다 그런 일이 계속 반복해서 일어나는 법이거든."

만약 우리가 지금 게임을 한다면 그녀는 백핸드로 서브를 받는 연습을 그렇게 하지 않아도 될 것이다. 이제 그녀는 훨씬 더 좋은 테니스 선수가 되었으니까.

내가 체스를 배울 때, 코치는 체스판 위에 폰(pawn, 우리 장기의 졸卒에 해당 – 역주) 두 개와 루크(rook, 우리 장기의 차車에 해당 – 역주)를 내게 주고 자기 루크 하나를 잡아보라고 했다. 나는 폰 두 개와 루크 한 개, 그리고 그는 루크 한 개. 그 게임은 4시간이나 걸렸다. 과연 내가 폰 두 개와 루크 하나로 이기는 법을 배웠을까? 아마 그랬던 것 같다. 하지만 나는 루크의 미묘한 용도에 대해 좀 더 많이 배울 수 있었다. 그리고 어떤 폰이 다른 폰들보다 좀 더 중요한지, 또 장기판에 말이 거의 남지 않았을 때 킹(王)이 어떤 힘을 쓸 수 있는지, 또 장기판에 말이 몇 개밖에 없을 때 몇 수의 움직임을 미리 계산하는 두뇌의 힘도 배웠다.

햇살은 당신에게만 비치는 것은 아니다. 창문을 열면 햇빛이 집 안의 모든 것을 밝게 비춘다. 배움의 창을 열면 당신은 당신이 보고 싶은 특정한 것만을 보는 것이 아니라 지금 빛이 비치는 모든 것을 볼 수 있다.

3장

그들도 처음에는 평범했다

일론 머스크, 스스로 선택한다는 것은 위험을 감수한다는 것이다.

스스로 선택한다는 것은 위험을 감수한다는 의미다. 사람들이 어떻게 생각할지, 혹은 성공 대비 실패 가능성이 어느 정도 되는지 따위는 두려워하지 않겠다는 뜻이다. 스스로 선택한다는 것은 당신이 원하는 것을 하고, 그 길을 따라 가면서 세상을 도울 수 있기를 바라는 것이다. 스스로 선택하는 세상에서는 다른 사람들을 돕는 것이 당신도 보상을 받는 방식이기 때문이다.

일론 머스크는 나를 포함한 많은 사람들에게 영감을 준 인물이다. 영감은 다소 위험하다. 그것은 당신이 한때 알았던 세상 밖으로 당신을 데려가서 새로운 생각, 새로운 사람, 새로운 아이디어, 또는 전혀 예상치 못한 것을 보여준다. 나는 가장 영감을 주는 일론 머스크의 어록을 찾고 싶었다. 시계가 째깍거리는 것처럼, 하나의 영감이 어떻게 다음 영감으로 이어지는지 단서를 제공해 주는 그런 말들 말이다.

내게 가장 인상 깊었던 머스크의 어록을 소개한다.

"만약 어떤 것이 당신에게 매우 중요하다면, 비록 가능성이 낮아도 그것을 해야 한다."

종종 하는 일이 가로 막힐 때가 있다. 나는 그럴 때마다 이 일이 정말 불가능하다면 어떻게 할지 생각한다. 그러나 일론 머스크는 항상 그런 문제를 다음 단계로 끌고 간다.

"화성으로 갑시다."라든지 "10억 달러짜리 배터리 공장을 만들자."처럼 말이다. 이렇듯 불가능이라는 달콤한 삶의 굴곡을 탐구하는 것은 언제나 가치가 있다.

"페이팔(Paypal)에서 나오면서 나는 생각했지요. '인류의 미래에 가장 영향을 미칠 것으로 보이는 중요한 문제가 무엇일까?' 어떻게 하면 돈을 가장 많이 벌 수 있을지는 관심 밖이었습니다."

나는 내 팟캐스트에서 수백 명의 사람들을 인터뷰했다. 그들은 모두 인생에서 놀라운 성과를 거둔 사람들이었다. 물론 여기서 '놀라운 성과'란 주관적인 의견이다. 확실히 그들의 성과는 내가 보기에는 '놀라운' 것이었다. 하지만 돈을 벌기 위해 그 일을 한 사람은 아무도 없었다. 예를 들어 1995년에 가장 많이 팔린 노래를 발표한 가수 쿨리오(Coolio)도 그랬다. 그는 1977년부터 매일 가사를 썼지만 노래 한 곡이 히트하기까지 17년이 걸렸다. 쿨리오가 내게 말했다. "돈을 위해서 어떤 일을 시작해서는 안 됩니다." 그러고는 덧붙였다, "여자를 위해서도요."

"(물리학은) 훌륭한 사고의 틀입니다. 일을 그 자체의 근본적 진실로 압축하고 거기에서 추론을 이끌어 내지요."

내 생각에 그가 이런 말을 한 것은 물리학이라는 학문과 이론을 구체적으로 언급하기 위해서가 아니다. 어떤 것을 시각화하고, 그것이 왜 진실인지에 대한 아이디어나 이론을 생각해 낸 다음, 그 이론을 증명하는 방법을 알아내는 행동을 말하는 것이다. 내게는 그것이 물리학이다. 규칙이 끊임없이 바뀐다는 것은 물리학의 또 다른 매혹적인 측면이다. 가능한 한 우주를 시각화하라. 그리고 그 일이 일어날 수 있다는 것을 증명하라.

"첫 번째 단계는 어떤 일이 가능하다는 점을 확고히 하는 것이다. 그러면 확률이 발생한다."

나는 불가능한 일이 무엇이 있는지 궁금하다. 아마도 타임머신은 너무 어려워서 해결할 수 없을지 모른다. 반면 전기자동차를 만드는 것이라면 트렁크에 휘발유 부품이 필요 없는 매우 효율적인 배터리가 들어 있는 하이브리드 자동차를 상상할 수 있다. 그러면 막연한 가능성에서 확률의 함수가 된다.

"바구니에 무슨 일이 일어나든 통제할 수만 있다면 한 바구니에 달걀을 담아도 괜찮다."

많은 사람들은 기업가 정신이 위험을 감수하는 것이라고 생각하는데 사실은 정반대다. 훌륭한 기업가는 굳이 실패를 통해 배우지 않는다. 훌륭한 기업가는 어려운 문제를 해결하면서 배운다. 일론 머스크는 엑스닷컴(X.com, 머스크가 1999년에 창업한 온라인 은행 – 역주)을 창업해 다른 경쟁자를 무너뜨리기보다는 또 다른 온라인 결제 시스템 콘피니트(Confinity)와 합병해 페이팔이라는 회사를 만듦으로써 자신의 성공을 통제해 나갔다.

"끈기가 매우 중요하다. 어쩔 수 없이 포기해야만 하는 상황이 아닌 한 포기해서는 안 된다."

나는 항상 이것이 마법 방정식이라고 생각한다. 끈기 + 사랑 = 풍요. 당신은 끈기 있게 할 수 있는 일을 사랑해야 한다. 끈기 있게 행하면 사랑은 더 깊어진다. 이것은 직업에도 적용되며, 인간관계에도 적용된다. 단 이것은 오직 당신에게만 적용되는 것이지, 당신에게 그렇게 하라고 시키는 사람과는 아무 관련이 없다. 또한 풍요는 자연적인 결과물이다. 그것은 당신뿐 아니라 모든 다른 사람에게도 마찬가지다. 부(富)는 다른 사람을 위해 부를 창조하는 자에게 오기 때문이다.

"미래가 더 나빠질 것이라고 생각하지 말고 더 나아질 것이라고 생각하라."

이런 사고를 갖는 것은 놀라울 정도로 중요하다. 뉴스 기자들은 사람들에게 정보를 제공할 자격도 없으면서 구독자에게 암울한 정보만을 전한다. 그러나 스스로 선택하는 사람들은 더 나은 세상을 먼저 상상한 다음 그 곳으로 어떻게 도약해 갈 것인지를 생각한다.

"복잡한 일을 수행한다고 많은 인원을 고용하는 것은 실수다. 숫자만 많다고 해서 올바른 답을 더 빨리 찾을 수 있는 것은 아니다.(아무것도 모르는 두 사람은 한 사람보다 나을 게 없다) 이는 오히려 발전을 늦출 뿐 아니라 그 일에 드는 비용을 훨씬 더 비싸게 만들 뿐이다."

내가 소프트웨어 회사를 경영할 때, 10명의 평범한 프로그래머들이 한 달 동안 끙끙 앓던 일을 훌륭한 프로그래머 한 명이 하룻밤 만에 해치운다는 것을 알았다. TV 쇼를 만들 때에도 상관없는 사람들은 많이 있을 필요가 없다. 카메라를 들고 유튜브 동영상을 만들어라. 100개의 동영상을 만들면 엄연한 쇼가 되는 것이다. 당신 혼자서도 해낼 수 있지 않은가.

"몇 백 년 전으로 거슬러 올라가면, 오늘날 우리가 당연하게 여기는 것들이 마법처럼 보일 것이다. 먼 거리에 있는 사람들과 대화하고, 이미지를 전송하고, 하늘을 날고, 예언자처럼 엄청난 양의 데이터에 접근하는 것들이 몇 백 년 전에는 마법으로 여겨졌다."

이제 300년 후에 사람들이 오늘을 되돌아보는 모습을 상상해 보라. 그들은 이렇게 말할 것이다. "그때는 인터넷에 실제로 '연결'해야 했다지!" 또는 "뉴욕에서 캘리포니아까지 7시간이나 걸렸다는구먼!"

"(나의 가장 큰 실수는 아마도) 사람을 판단할 때 인격이 아닌 재능에 지나치게 치중했다는 것이다. 사람은 재능보다는 선한 마음을 가지고 있느냐가 중요하다."

나는 최근 한 회사의 창업자가 회사 돈 9,000만 달러를 빼돌리자 회사 매출이 한 순간에 10억 달러에서 제로로 떨어지는 것을 보았다. 사람을 채용할 때 정직, 겸손, 그리고 최선을 다하는 태도는 단연코 가장 중요한 고려사항이다. 스스로 선택하는 삶을 살려면 당신 주위에 같은 도약의 의지를 가진 사람들이 있어야 한다. 그렇지 않으면 당신이 뛰어넘으려는 협곡에 빠지고 말 것이다.

"대학 다닐 때부터 나는 세상을 바꿀 수 있는 일에 참여하고 싶었다."

나는 '세상을 바꾼다'라는 말이 늘 궁금하다. 아마도 가장 가치 있는 출발점은 나 자신을 변화시키기 위해 내가 할 수 있는 모든 것을 매일 하는 것이리라. 거기에 신체적으로 더 건강해지고, 정서적으로 건강한 사람들과 함께 어울리고, 창조적이 되고, 매사에 감사하는 것들이 포함될 것이다. 나는 이런 영역에서 하루에 1%씩 개선하기 위해 노력한다. 그러다 보면 나도 세상을 바꾸는 데 앞장 설 수 있을 것이다.

"나는 반복적으로 피드백하는 것이 매우 중요하다고 생각한다. 그러면 내가 행한 일에 대해, 그리고 그 일을 어떻게 하면 더 잘 할 수 있는지에 대해 계속 생각할 수 있다. 나는 이것이 가장 좋은 조언이 된다고 생각한다. 어떻게 하면 그 일을 더 잘 할 수 있을지 끊임없이 생각하고 스스로에게 질문하는 것."

나는 30개 정도의 회사에 투자하고 있다. 그런데 CEO가 남의 탓을 하면 회사는 실패한다. 기술, 경쟁, 고객은 끊임없이 변화하고 있는데 우리는 가장 많은 시간을 들인 활동이 당연히 훌륭한 활동이라고 생각하는 인지적 편견을 가지고 있다. 그게 뭐가 잘못된 거냐고? 외부인 입장에서 내부를 들여다보는 것처럼, 끊임없이 질문하면서 진화하는 인지적 편견에 끊임없이 의문을 제기하는 것이 중요하다. 그러지 않으면 회사는 실패한다. 만약 당신에 대한 피드백을 받는 데 어려움이 있다면, 믿을 수 있는 사람을 찾아라. 당신의 행동을 판단할 수 있는 책임자를 두고 이렇게 요청하라. "내가 스스로 선택하고 있는지 잘 봐 주세요." 그리고 사람을 찾을 때 가능한 한 여러 명을 찾아서 마음이 맞는 사람들끼리 자주 만나라. 그런 사람들과 함께하는 것도 개별적으로 스스로 선택하는 방법이다.

"나는 내가 두려움이 없다고 생각하지는 않는다. 사실은 두려움이 내 신경계를 산만하게 만들기 때문에 감추려고 할 뿐이다."

동기부여를 하려면 두려움을 가능한 한 줄여야 한다. 그래서 나는 항상 의무적으로 예비 계획을 세운다. 백만장자들은 대개 7개의 수입원을 갖고 있다고 한다. 그들은 항상 예비 계획을 가지고 있다. 일론 머스크도 테슬라, 스페이스X(SpaceX), 솔라시티(SolarCity) 외에 그가 부분적으로 관여하고 있는 회사가 십여 개는 될 것이다. 나는 어떤 시도를 할 때마다 항상 두 가지 질문을 한다. "계획 B는 무엇인가?" 그리고 "내 계획에서 약점은?" 아무도 기대하지 않는 이 일을 통해 나는 무엇을 배우길 바라는 걸까?

"원한을 오래 동안 품기에는 인생이 너무 짧다."

원한을 조장할 수 있는 사람들과는 어울리지 마라. 나는 가급적 내가 사랑하는 사람들, 그리고 나를 사랑하는 사람들과 시간을 보내려고 노력한다. 나쁜 일이 일어날 때도, 비난하기보다는 내가 배운 것에 대해 생각하려고 노력한다. 다시는 같은 실수를 하고 싶지 않기 때문이다. 이것은 연습이 필요하다. 나는 사람을 잘 믿는 타입이지만 사람들에게 매일 조금씩 배울 수 있기를 바란다.

"새로운 무대를 두려워하지 마라."

다시 말하지만 영감은 위험하다. 안전지대를 벗어나 한 번도 가보지 못한 곳으로 간다는 것을 의미하기 때문이다. 나는 적당히 해서는 할 수 없는 일을 적어도 하루에 한 가지씩 해결하는 것을 훈련 삼아하고 있다. 얼마 전, 나는 사람들에게 2달러 지폐를 1달러 지폐로 바꿔줄 수 있는지 물어보았다. 흥미롭게도 나를 피한 사람들은 모두 백인이었다. 그들은 나를 정신 나간 사람으로 취급했다. 하지만 다른 사람들은 내 2달러 지폐를 1달러 지폐로 바꿔주었다. 실험할 때에는 무엇을 발견할지 미리 알 수 없지만 실험은 편하고 익숙한 곳에서 벗어나는 재미와 스릴이 있는 멋진 연습이다.

"평범한 사람들도 비범한 선택을 할 수 있다."

나는 이 말을 읽을 때 이런 생각을 했다. "평범한 사람들이 평범한 선택을 하는 건 당연하지. 평범함은 아름다운 거야!" 그래도 매일 신체적 건강, 정서적 건강, 창의성, 감사하는 태도가 조금씩 (다만 1%라도, 너무 작아서 측정할 수 없을지라도) 더 나아지도록 노력하는 것이 중요하다고 생각한다. 그것이 1%가 쌓여서 비범함으로 가는 길이 될 것이다. 다만 나는 '미래에 비범'해져야 한다는 압박을 받는 것을 원하지 않는다. 오늘 조금씩 더 나아지고 싶을 뿐이다.

"나는 어떤 일이 일어나는 것을 그저 바라만 볼 수도 있고, 직접 참여해 그 일부가 될 수도 있다."

때로 사람들은 "기회를 놓쳤다"라거나 "너무 늦었다"라고 말한다. 나는 좋아하는 일을 하는 데 늦은 때란 없다고 생각한다. 당신이 좋아하는 일은 언제나 해안가에서 당신이 도착하기를 기다리며 두 팔을 벌려 기다리고 있다는 것을 기억하라.

"기업가가 된다는 것은 유리를 씹는 것처럼 어렵고 죽음의 심연을 응시하는 것처럼 앞을 알 수 없는 길이다."

사람들은 말한다. "나는 비전 없는 삶은 싫어, 기업가가 될 거야." 그러나 기업가의 길은 재앙으로 가득하다. 기업인의 약 85%

가 실패하는데 실패는 전혀 즐거운 일이 아니다. 고객, 직원, 투자자를 상대해야 하는 것은 말할 것도 없고(그들은 모두 당신의 상사일 뿐이다) 팔아야 하고, 실행해야 하고, 건설해야 하고, 떠날 때 떠나야 하고, 성장해야 한다. 나는 여러 가지 일을 수행하는 일론 머스크의 접근 방식이 마음에 든다. 그는 항상 플랜 B, C, D 등등을 가지고 있다. 어느 한 가지만 가지고는 마음의 공간을 모두 채우지 못한다. 여기 85%에 속하지 않는 비결이 한 가지 있다. 수익성이 좋은 고객을 두면 실패할 확률이 85%에서 20% 이하로 떨어진다.

"화성에서 죽고 싶다. 충돌하지만 않는다면."
앤디 위어Andy Weir의 책 『마션』(Martian)을 적극 추천한다. 그는 그 책을 자비 출판했는데 이후 한 메이저 출판사가 가져갔고 그다음에는 리들리 스콧Ridley Scott이 영화로 만들었다.

머스크가 10대 때 가장 좋아했던 책은 『은하수를 여행하는 히치하이커를 위한 안내서』(The Hitchhiker's Guide to the Galaxy, 책세상, 2005)였다. "무슨 질문을 해야 할지 아는 것은 어려운 일이지만 일단 알고 나면 나머지는 정말 쉽다는 것을 이 책이 가르쳐 주었다."
이 책에서 내가 가장 좋아하는 부분은, 물질주의적인 관점에서 우리에게 정말 필요한 것은 수건이라는 생각이다. 위생이 중요하다. 우주는 그 다음에 생각할 일이다.

"노망이 들기 전에 은퇴하고 싶다. 노망 들기 전에 은퇴하지 않으면 그때에는 좋은 일보다는 남에게 해가 되는 일을 더 많이 할 테니까."
인간은 죽는다는 관점에서 볼 때 가장 중요한 두 해는 태어난 해와 은퇴하는 해다. 하지만 나는 일론 머스크가 정말 은퇴할지 의심스럽다. 스스로 선택한다는 것은 화성에 로켓을 발사하느냐, 10억 달러를 벌 수 있느냐, 세계에 평화를 가져다 주느냐 하는 문제가 아니다. 그것은 누구도 할 수 없다고 말하지 못하게 하는 것이다. 그것은 어떤 위험을 무릅쓰고서라도 '할 수 없다'는 마음을 바꾸도록 하는 것이다. 그것은 예비 계획을 세우는 것이다. 그것은 건강에 관한 것이고, 회의론자들과의 전쟁을 준비하는 것이다. 그것은 스릴 있고 신나는 일이며, 그 일을 해내려면 행동을 취해야 하고, 인내해야 한다. 하지만 그럴 만한 가치가 있다. 당신의 삶에 불을 붙이는 것이 무엇이며, 당신의 삶을 우주와 그 너머로 끌어올리는 것이 무엇인지 당신보다 더 잘 아는 사람은 없기 때문이다.

2

사람들은 왜 쉽게 얻으려고 하는지에 대한 쿨리오의 대답

맞다. 난 쿨리오에게 침이나 질질 흘리는 광팬이다. 쿨리오는 가수 겸 배우인데 인터뷰가 끝난 후 그가 의외의 말을 했다. 처음에 인터뷰를 시작했을 때는 내가 불쾌하고 바보 같아 보였다는 것이다. 그건 사실이었으므로 나는 조금 놀랐다. 우리는 완전히 다른 별에서 왔다. 그는 가난하고 비좁은 가정에서 태어났지만 32살이 되었을 때는 모든 장르를 통틀어 세계에서 가장 잘 팔리는 노래를 가지고 있었다.

반면 나는 32살이었을 때 내 인생이 끝났다고 생각했다. 자존감은 전혀 찾아 볼 수 없었다. 나는 내가 죽어 마땅하다는 생각을 수없이 했다. 사랑, 가족, 성공의 가능성에 대해서는 완전히 포기한 상태였다. 그저 운이 좋았다면 그렇게 되지는 않았을 것이라고 생각했을 뿐이다.

쿨리오가 말했다. "어렸을 때 함께 어울려 다니던 친구들이 50명 정도 있었는데 지금은 그들 중 세 명만 살아 있어요. 그나마 그 세 명 중에서도 한 명은 종신형을 살고 있죠."

앞서 말했듯이 우리는 모든 면에서 완전히 다른 환경에서 자랐다. 그래서 인터뷰하기 전에 그와 어떻게 대화해야 할지 걱정이 되었다. 나는 지난 주 내내 그의 앨범을 모두 들었다. 그의 요리책까지 읽었다. 또 그의 공연을 모두 보고 그가 한 다른 인터뷰도 보았다. 나는 다른 사람들이 물어본 것과 같은 지루한 질문은 하고 싶지 않았다. 그에게도 그렇게 말해 주었다. 우리는 한 시간 남짓 이야기했다. 내가 그에게 배운 것을 소개한다.

인내심

인내심은 어디에서도 빠지지 않는 규칙과 같다. 내 팟캐스트 '제임스 알투처 쇼'James Altucher Show에서도 한 번도 빠진 적이 없는 유일한 에피소드다. 그는 14살 때부터 매일 곡을 쓰기 시작했다고 말했다. 그의 첫 히트곡은 1994년에 발표한 '황홀한 항해'Fantastic Voyage다. 이는 그가 히트곡을 내기까지 17년 동안 매일 곡을 썼다는 것을 의미한다. 17년 동안 하루도 빠짐없이 매일 말이다.

역사 + 아이디어 공장

그는 80년대의 랩 스타일("단지 말을 내뱉는 것이 아니라 내 목소리를 변형시켰지요.")과 70년대의 노래(스티비 원더Stevie Wonder의 '과거의 낙원'Pastime Paradise), 영화 〈아웃 오브 컴턴〉에 나오는 90년대에 인기를 끌던 갱스터 랩을 어떻게 조합해서 자신의 노래 '갱들의 천국'Gangsta's Paradise을 작곡했는지 설명했다.

피라미드를 지으려면 먼저 견고한 기초를 세워야 한다. 나는 지금 무엇을 하든, 항상 기초를 이루는 모든 조각들을 먼저 이해하려고 노력한다. 지금 이 순간에 영향을 준 역사, 사람들, 스타일 등 모든 것은 저 피라미드의 기초에서 나온다. 이것이 일의 마지막인 맨 꼭대기 조각을 맞출 수 있는 유일한 방법이다. 당신이 기업가든, 교사든, 승진하려고 노력하는 회사 직원이든, 세일즈맨이든 먼저 그 기초를 구축해야 한다.

멘토

쿨리오는 여기저기서 멘토들을 얻었다. 실제 세계는 물론 가상 세계에서도. 심지어 가상 세계의 멘토들이 실제 세계의 멘토들보다 훨씬 더 가치 있을 때가 많았다. 그는 힙합그룹 런 디엠씨Run-D.M.C.의 런Run을 언급하며 "런처럼 관객을 장악하는 사람은 없다."라고 말했다. "런은 내가 존경하는 롤링스톤스의 믹보다 더 강력하게 무대를 장악했습니다."

그 말을 들은 후에 나는 유튜브를 통해 런 디엠씨의 라이브 공연을 봤다. 그가 옳았다. 런은 노래보다 관객에게 더 집중했다. 그는 관중이 10만 명 넘게 있어도 그들에게 직접 말을 걸며 무슨 행동을 하라고 주문하곤 했다.(라이브 에이드, 1985. 라이브 에이드Live Aids는 에티오피아 기아 문제 지원 자금을 모으기 위해 1985년 7월 영국 런던과 미국 필라델피아에서 이뤄진 대규모 공연으로, 폴 매카트니, 데이빗 보위, 퀸, 에릭 클랩튼, 엘튼 존, 마돈나, 믹 재거 등 초호화 멤버들이 참여했다.) 이를 보고 나서 빌보드 뮤직 어워드(1995), 그래미 시상식(1996), 그리고 또 다른 쇼(1997)에서 쿨리오가 같은 곡을 공연하는 것을 보았다. 나는 각 공연에서 그가 어떻게 나아졌는지 확인할 수 있었다.(그의 노래 실력은 계속 진화했다) 나는 그가 어떻게 관객을 장악하고, 행동하고, 노래하고, 랩을 하고, 동시에 모두에게 공감하는지를 확실히 보았다.

멘토2

그는 또 "내가 노래를 처음 시작할 때 래퍼이자 배우인 아이스-T도 중요한 멘토가 되었죠."라고 말했다. 나는 아이스-T에게 무엇을 배웠느냐고 물었는데 그의 대답이 나를 놀라게 했다.

"인터뷰를 할 때에는 내가 먼저 인터뷰를 통제해야 한다. 상대방이 나를 통제하지 못하게 하라. 그들이 내 마음에 들지 않는 질문을 하면 무시하고 내가 하고 싶은 말을 하라."

그는 현실 세계에서든 가상 세계에서든 어디에서나 멘토를 찾았다. 런은 가상의 멘토였다. 스티비 원더도 가상의 멘토였다. 다만 아이스-T는 현실의 멘토였다. 그는 또 다른 래퍼 라킴Rakim("그는 보통 음성으로 랩을 한 최초의 래퍼였습니다.")을 언급했고, 멜리 멜Melle Mel도 언급했다. 그는 멘토들에게 음악부터 미디어 메시지에 이르기까지 모든 것을 배웠고 이를 자신의 것으로 만들었다.

노력

나는 그에게 왜 사람들은 17년을 투자하지 않고도 그냥 무대에 올라가 랩을 할 수 있다고 생각하는지 물었다. 그는 나에게 단 하나뿐인 진짜 답을 말해 주었다.

"그들이 게으르니까요."

그건 사실이다. 나 역시 훌륭한 아이디어를 가지고 있으니 누군가 투자만 해주면 당장 직장을 그만두고 회사를 창업한 다음 적당한 값에 그 회사를 팔아 치울 텐데, 하고 생각하는 사람들을 매일 본다. 하지만 그런 일이 인생에서 몇 번이나 일어나겠는가?

기본적으로 제로다. 마크 저커버그도 페이팔의 창업자인 피터 틸Peter Thiel에게 첫 투자를 받았을 때 이미 50만 명의 페이스북 사용자를 확보하고 있었다. 쿨리오는 주위의 모든 사람들에게 무슨 일이 일어나고 있는지 잘 알고 있었다. 그는 매일 책을 읽고,

곡을 쓰고, 랩에 대해 연구했다. 노력 없는 행운은 일어나지 않으니까.

돈

돈에 관한 그의 생각은 다음 두 가지뿐이다.

첫째, 그는 "만약 당신이 돈이나 여자를 갖기 위해 그 일을 하고 있다면 당장 그만 두라. 그런 목적이라면 좀 더 쉬운 방법이 얼마든지 있다. 어떤 일에서 최고가 되기를 원한다면 사랑을 위해서 해야 한다."고 말했다. 이 말은 그의 랩 가사에도 나온다. "나는 많이 배운 바보야. 오직 돈만 생각하지."

둘째, 그는 내게 2009년 이후 달러 가치가 매년 4%씩 떨어지고 있다고 말했다. 나는 그걸 어떻게 아느냐고 물었다. 몰랐던 사실이지만 그의 말을 따라야 할 것 같았다. 그가 말했다. "나는 돈을 꼭 지켜야 해요. 아이도 있고, 가족도 있으니까요."

싫어하는 일을 좋아하는 일로 만든다.

그에게 요리에 대해 물었다. 나는 이 책을 쓰면서도 그가 쓴 요리책 『쿨리오와 함께 요리하기』(Cooking with Coolio)를 앞에 펼쳐 놓고 있다. 유튜브에서 그의 쇼를 봤는데 그는 요리에 아주 열성이다.

"내가 어렸을 때는 언제 음식을 구할 수 있을지 모를 정도로 가난했어요. 그래서 먹을 때 어떤 습관이 생겼지요. 한 번은 딸아이가 나를 보고 '제발 그런 식으로 먹지 마세요.'라고 말하더군요. 나는 아주 급하게 빨리 먹거든요. 나는 내가 먹는 걸 싫어해서 그렇게 먹는다는 걸 깨달았습니다." "먹는 것을 싫어하지 않기 위해서 요리를 하기 시작했어요. 내 어머니처럼 요리하고 싶었습니다. 어렸을 때 어머니가 요리하는 걸 좋아했던 것처럼 요리하는 걸 좋아하고 싶었거든요."

내가 물었다 "요리한 지는 얼마나 되셨나요?"

"12년이요."

반복해서 말하지만 그는 무엇이든 잘 하려고 노력했다. 자신이 싫어하는 것도 좋아하는 것으로 만들려고 노력했고 심지어 그것을 직업으로 삼고자 했다. 이것이 그가 12년 동안 노력한 이유다.

현실REALITY

그는 "투어를 돌 때 사람들이 거의 20년 전에 쓴 곡을 가장 듣고 싶어 하는 것이 안타깝다."라고 말했다. "들르는 곳마다 그 노래를 불러야 했죠."

어느 한 분야에서 절정에 이르는 것도 괜찮다고 생각한다. 하지만 어떤 일에서 세계 최고가 되려면 숙련된 기량을 갖춰야 한다. 아무래도 성공의 문법이 있는 것 같다. 당신이 하나의 언어를 습득하기 위해 그 문법을 구사하는 기술을 배우면 또 다른 새로운 분야에서 성공하는 데에도 같은 기술을 적용할 수 있다. 삶의 한 영역에서만 계속 밀어붙이지 말고 그 성공의 기본 문법을 사용해 계속 변화하고 배우고 또 다른 영역에서도 적용하는 것이 중요하다.

이는 내가 인터뷰하는 모든 사람에게서 볼 수 있는 공통점이다. IT 기업 마이크로솔루션Micro Solutions의 설립자이자 NBA 댈러스 매버릭스Dallas Mavericks의 구단주인 마크 큐반Mark Cuban, 기업가이자 투자자이자 베스트셀러 『타이탄의 도구들』 (Tools of Titans, 토네이도, 2017)의 저자인 팀 페리스, 허핑턴포스트Huffington Post의 창업자이면서 66세의 나이에 웰빙 앱 개발업체 스라이브 글로벌Thrive Global을 창업한 아리아나 허핑턴Arianna Huffington 등이 그런 사람들이다.

그의 피드백

그와의 인터뷰 처음에는 정말 떨렸다. 비즈 마키Biz Markie를 인터뷰할 때처럼 이번에도 완전히 망치면 어떻게 하지? 누군가 트위터에서 이렇게 말했다. "쿨리오와의 인터뷰는 보나마나 당신이 '갱들의 천국이 당신의 최고 히트곡이죠'라고 물으면 그가 '아뇨, 다른 히트곡도 많아요.'라고 대답하며 45분 동안 긴장된 대화가 오가는 그런 내용이 될 것이다." 이 말이 웃겼던 건 내가 정말 그렇게 될까 봐 두려워했기 때문이다. 그래서 나는 그와 인터뷰하는 동안 긴장을 풀었다. 나는 내가 하고 싶은 질문을 했고, 그가 궁금했던 것을 대답해주면 "왜 그렇게 생각하죠?"라고 되물었다. 마치 우리가 친구 사이인 것처럼 말이다.

그는 친근한 사람이었다. 그래서 서로의 삶에 공통점이 한 가지도 없더라도 그와의 대화가 즐거운 시간이 될 것이라고 확신했다. 다만 긴장을 푸는 데 몇 분 정도 걸렸기 때문에 인터뷰 초반에는 내가 불쾌하고 바보같아 보인다고 생각했을 것이다. 그와 인터뷰하는 동안 나는 벽에 등을 기대고 듣기만 했고, 궁금하거나 배우고 싶은 것이 있으면 불쑥 질문을 던졌다. 대답을 강요하지는 않았다.

그는 인터뷰가 끝나고 이렇게 말했다. "하지만 인터뷰가 진행되면서 생각(내가 바보같이 보인다는 생각)이 바뀌었죠. 당신은 내가 깊은 상처를 드러내게 만들었습니다. 나도 건드리고 싶지 않았던 거였죠. 당신의 인터뷰 솜씨는 정말 대단했습니다." 이 말을 듣고 나는 기분이 좋아졌다. 지난 20년 동안 나는 거의 3천 명에 가까운 다양한 사람들을 인터뷰했지만 그 말이야말로 내가 받은 최고의 칭찬이었다. 그는 또 이렇게 말했다. "제임스, 내가 지금 보고 있는 것을 당신이 볼 수 있다면 나와 자리를 바꾸고 싶을 겁니다."

"뭘 보고 있는데요?" 그가 그것이 뭔지 말해 주었다. 하지만 그건 비밀이다.

3

에미넴에게 배운 이기는 법

2002년, 나는 회사 자금을 조달할 요량으로 한 헤지펀드 매니저의 집을 향해 차를 몰았다. 이미 두 시간이나 늦었고, GPS도 없던 때였다. 휴대폰도 없는 상태에서 완전히 길을 잃었다. 당신이 코네티컷주로 차를 몰고 가본 적이 없다면, 한 가지 알아야 할게 있다. 모든 도로는 나란히 달리고 있고, 그 도로의 이름은 모두 같으며 마을 이름도 모두 똑같다는 것이다. 그게 말이 안 된다는 것쯤은 나도 안다. 하지만 코네티컷주를 운전하다 보면 내 말이 무슨 말인지 알 수 있을 것이다. 아무리 생각해도, 코네티컷주에서는 나의 뛰어난 교통 법규 위반 실력을 발휘하지 않을 수 없었다.

약속 시간에 이미 두 시간이나 늦은 상황에서 나는 랩 가수 에미넴의 '음악에 빠져'(Lose Yourself)만 계속 반복해서 틀었다. 어쩌면 이 음악 때문에 나도 무의식적으로 '넋이 나갔는지'도 모르겠다. 나는 약속 시간에 도착하지 못해 한번뿐인 기회를 날려버릴 것 같다는 재수 없는 생각만 계속 하고 있었다. 마침내 그의 집에 도착했다. 그 헤지펀드 매니저는 온통 분홍색 옷을 입고 있었다. 그의 집은 어마어마했다. 아마 2만 평방피트는 족히 돼 보였다. 요리사가 멋진 식사를 내왔다. 내가 그의 식사 시간을 두 시간이나 늦게 만든 것이다. 그는 당시 암을 앓고 있었다. 정말 안됐다는 생각이 들었다.

식사를 마치고 우리는 체스를 두었다. 재미있었다. 그는 내게 집 구경도 시켜주었다. 어떤 방에는 1848년에 만든 장난감도 있었다. 집 안에 스쿼시 코트도 있었다. 또 다른 방에는 레논과 매카트니가 처음 '헤이 주드'(Hey Jude)의 가사를 직접 손으로 쓴 노트 같은 희귀 물건도 있었다. 테드 케네디Ted Kennedy(존 F. 케네디 대통령의 동생 - 역주)의 대통령 꿈을 접게 만든 차파퀴딕 사건(Chappaquiddick Incident, 테드 케네디가 선거 캠프의 여성을 차에 태우고 가다 물에 빠져 테드는 빠져 나오고 여성은 익사한 사건. 테드는 사건을 신고하지 않고 9시간 숨어 있다가 경찰에 출두해 많은 의혹을 샀음. - 역주)이 보도된 후 경찰에 진술한 친필 서명 성명서도 있었다.

결국 나는 그날 그 헤지펀드 매니저에게 투자금을 받는데 성공했고 새로운 삶을 시작할 수 있었다. 하지만 그것 때문에 에미넴의 이야기를 꺼내는 것은 전혀 아니다. 에미넴의 '음악에 빠져'는 영화 〈8마일〉(8 Mile)에 나오는 곡이다. 내가 이 곡을 추천한다고 해서 꼭 그 영화를 봐야 내가 쓰려고 하는 바를 이해할 수 있는 건 아니다. 당신이 알아야 할 것은 내가 여기서 다 알려줄 테니까.

에미넴은 영업과 경쟁의 천재라고 할 수 있다. 그는 영화의 한 장면에서 자신의 천재성을 보여준다. 그 장면의 대사를 한 줄씩 꼼꼼하게 분석해 보면 영업 재능, 인지 편향(cognitive biases), 그리고 경쟁에서 이길 수 있는 방법 등 그가 사용한 모든 것을 알수 있게 될 것이다. 먼저, 그 영화에 대해 당신이 알아야 할 것은 다음과 같다.

에미넴은 트레일러 주차지역에 사는 직업도 없는 가난한 백인 밑바닥 인물이다. 그는 늘 얻어맞고, 허드렛일이나 하고, 걸핏하면 배신당한다. 하지만 그는 랩을 하며 근근이 살아간다. 영화의 첫 장면에서 그는 다른 래퍼와 배틀을 하다가 숨이 막혀 말 한마디 못하고 포기한다. 그는 영화 내내 압박에 시달려 실패하는 인물로 나온다. 마치 실패할 운명에 처해 있는 사람처럼 말이다.

그가 스스로 자기 삶을 선택하기까지는.

내가 보여 줄 장면은 영화의 마지막 배틀이다. 그는 배틀의 유일한 백인이다. 관중들까지도 모두 흑인이었으니까. 게다가 그는 관중들이 좋아하는 소위 지존 챔피언과 맞선다. 결국 그는 배틀에서 이긴다. 이제 나는 그의 기술을 사용하면 어떤 경쟁에도 대항할 수 있다는 사실을 보여줄 것이다.

그는 배틀에서 이기면 원하는 다른 배틀을 계속한다. 그리고 모든 배틀을 이긴다. 그는 매주 배틀을 했다. 그럼에도 결국 자신만의 랩을 하기 위해 배틀을 떠난다. 그는 스스로 자신의 길을 선택한 것이다. 그 영화는 자전적 영화다. 3억 명이 그 영화를 보았고 그는 역사상 가장 성공한 래퍼가 되었다.

자, 이제 분석해보자. 에미넴은 어떻게 그렇게 쉽게 이겼을까?

우선 그의 랩 재능은 잠시 제쳐두자.(어차피 상대방도 재능이 있었다고 볼 수 있으니까) 재능과 별도로 에미넴은 배틀에서 이기기 위해 일련의 인지 편향을 이용했다. 현재의 인간의 뇌는 40만 년 동안 발달되어 온 것이다. 사실 인간이 유목민 시절에는 살아남기 위해 뇌를 더 많이 사용했을 테니 오늘날보다 더 높은 IQ를 가지고 있었을 것이라는 설도 있다. 한 가지 매우 중요한 것은 인간의 뇌가 생존을 위한 수단으로서 많은 편견을 발달시켰다는 점이다. 흔한 예로 우리는 긍정적인 뉴스보다 부정적인 뉴스 쪽에 기울어지는 편향성이 있다. 이유는 간단하다. 만약 당신이 정글에서 오른쪽에는 사자를, 왼쪽에는 먹음직한 사과나무를 보았다고 가정해보자. 그럴 때 당신은 사과나무에는 신경도 쓰지 않고 우선 사자로부터 최대한 멀리 도망칠 것이다. 그게 최선의 선택일 테니까. 이것을 '부정 편향'(negativity bias)이라고 하며, 오늘날 신문이 여전히 존재하는 것은 전적으로 인간의 부정 편향 때문이다. 신문은 인간의 부정 편향을 노골적으로 이용하고 있다.

그러나 이제 더 이상 우리에게는 그런 수단이 필요하지 않다. 우리가 사는 거리에는 사자가 그렇게 많지 않다. 하지만 뇌가 진화하는 데 40만 년이 걸렸고, 인류 초기에 인간들을 위협했던 대부분의 위험에서 우리가 비교적 안전해진 것은 불과 50년 정도밖에 되지 않는다. 우리의 기술과 아이디어는 빠르게 진화했지만 우리의 뇌는 그것을 따라갈 수 있을 만큼 빠르게 진화하지 못한다는 말이다. 결과적으로 오늘날 이러한 편견들이 거의 모든 판매 광고, 기업, 마케팅 전략, 영화, 뉴스 기사, 인간관계 등에 사용된다. 당신의 상호작용은 대부분 편견에 지배당하고 있다. 이를 이해하면 당신의 생각에 대해 사람들이 '엿이나 먹어'라고 말할 때 도움이 될 것이다.

당신의 뇌는 당신을 사랑하고 보호하기를 원한다. 하지만 우리의 삶이 뇌보다 더 빨리 진화했기 때문에 우리 뇌는 그다지 똑똑하지 않다. 그래서 우리는 뇌에서 오는 신호를 무시하고 뇌가 가진 편견을 직시하여 능숙하게 다루는 법을 배워야 한다.

1) 단체 편향

에미넴의 첫 대사를 보자. "이제 313지역의 모든 사람들이여, 망할 놈의 손을 들고 나를 따르라." 숫자 313은 디트로이트의 지역번호다. 단지 디트로이트 지역을 말하는 것이 아니라 육체노동자, 디트로이트 흑인 구역에 사는 모든 사람들을 말한다. 모든 관중과 에미넴도 그 곳 출신이다. 그렇게 함으로써 그는 흑인 하면 연상되는 '소외된 사람들'이라는 편견을 지우고 대화를 "313지역에 살고 있는 사람들과 313지역에 살지 않는 사람들"로 바꿔 나간다.

2) 단체 행동

그는 "손을 들고 따라오라"라고 말했다. 모든 사람들이 아무 생각 없이 손을 올리기 시작한다. 그들의 뇌는 그들이 이성적으로 그렇게 하고 있다고 그들을 세뇌한다. 예를 들어, 그들은 지금 이성적으로 에미넴의 말을 따르고 있다고 생각하는 것이다.

3) 가용성 폭포

뇌는 사실 여부를 떠나 어떤 일이 반복되면 그 일을 더욱 믿는 경향이 있다. 이것을 '가용성 폭포'availability cascade라고 부른다. 당신에게 자주 노출되는 정보의 폭포가 있고 그것이 항상 똑같기 때문에 그것을 믿어야 한다고 생각하는 식이다. 당신의 뇌가 그것이 '사실임에 틀림없다'고 생각하는 것이다.

에미넴이 그의 첫 대사를 반복하는 것을 주목하라. 그렇게 반복한 후에는 이제 더 이상 "나를 따르라."라고 말할 필요가 없다. 그는 그저 "나를 보세요, 나를."이라고 말한다. 그들은 이미 그를 따라다니며 그의 지휘를 받고 있다. 그래서 단지 "나를 보라"라고만 말한다. 그렇게 함으로써 적이 누구인지 가리킨다. 그는 다음 단계의 인지 편향을 설정하고 있는 것이다.

4) 차별성 편향 또는 '소외 그룹' 편향

뇌는 두 가지 일을 따로 평가하지 않고 동시에 평가하는 경우, 매우 다른 것으로 보는 경향이 있다. 에미넴은 자신의 상대인 파파 닥Papa Doc이 자기네 부류와는 다른 사람으로 평가되기를 원한다. 사실은 그들 모두 비슷한 관심사를 가진 같은 부류의 친구들인데도 말이다. 에미넴은 이렇게 말한다. "그가 강인하게 서 있다 해도 '이 사람'은 손을 들지 않았다는 것을 잊지 마라."

즉 파파 닥도 모든 관중들과 같은 흑인임에도 그는 더 이상 에미넴이 정의하고 명령한 '313 사람들'과 같은 부류가 아니라는 것이다. 그는 인종이라는 말 대신 지역번호를 사용함으로써 대화를 완전히 바꿔 버렸다.

5) 모호성 편향

그는 상대를 파파 닥이라는 이름으로 부르지 않는다. 그는 그를 '이 사람'이라고 부른다. 우리 관중 모두는 '313 그룹'이지만 지금 우리를 침략하려고 하는 이 '애매한 사나이'가 있음을 부각시키는 것이다. 대선 후보 토론회를 보자. 한 후보가 다른 후보를 이름으로 지칭하는 일은 거의 없을 것이다. 대신 "내 상대방은 X라고 생각할지도 모르지만, 우리 모두는 Y가 더 낫다는 것을 알고 있다."라고 말한다. 두뇌가 특정 대상을 혼란스럽고 애매하게 보기 시작하면 그 애매함이 포함된 선택은 하지 않는다. 그래서 애매하지 않은 사람이 이기는 것이다.

6) 권위 편향

뇌는 항상 지름길로 가고 싶어 하기 때문에, 갑자기 유명세를 탄 사람들보다는 자격증이나 혈통 등 오랫동안 신뢰가 입증된 사람들의 정보를 더 자주 찾는다. 예를 들어 만약 하버드 출신은 오늘 비가 올 거라고 말하고 당신이 잘 모르는 누군가가 오늘 날씨가 맑을 거라고 말한다면 당신은 하버드 출신을 더 믿는 경향이 있을 거라는 의미다.

에미넴은 나중의 두 대사에서 이 기술을 교묘하게 사용한다. 그는 "One, two, three, and to the four."라고 말한다. 이것은 스눕 독Snoop Dogg이 닥터 드레Dr. Dre와 함께 부른 첫 곡 'Nuthin

But a G Thang'에서 직접 따 온 대사다. 이 가사는 이 곡의 첫째 줄에 나오는데, 아마도 지금까지 가장 잘 알려진 랩 가사 중 하나일 것이다. 영화의 맥락에서 벗어난 얘기지만, 에미넴은 실제로 닥터 드레가 발굴한 재목이다. N.W.A, 닥터 드레, 에미넴, 50 센트까지 가장 인기 있는 랩퍼의 혈통이 이어지고 있다는 게 흥미롭다.

배틀에서 에미넴이 그 대사를 사용하면서 이미 성공한 유명한 래퍼 닥터 드레와 스눕과 직접 자신을 관련시킨다. 이어 "One Pac, two Pac, three Pac, four"라고 말하면서 가용성 폭포를 다시 사용한다. 처음에 "One, two, three, and to the four."라는 가사를 쓰지만 이번에는 Pac이라는 말을 함께 사용하는데, 이는 래퍼 투팍Tupac을 지칭하는 것이다. 이렇게 함으로써 그는 디트로이트에서 벌어진 이 작은 배틀에서 역사상 가장 위대한 래퍼 3명과 자신을 관련시킨 것이다.

7) 내 편 네 편

에미넴은 관객을 무작위로 가리키며, "너도 팍, 그도 팍"(You're Pac, he's Pac)라고 말하며, 자신을 이 위대한 랩퍼들과 연결시키며 같은 반열에 올려놓았다. 그러나 배틀 상대인 파파 닥을 가리키면서 목을 자르는 듯한 제스처를 취하며 "네가 팍이라고? 절대 아니야."(You're Pac, NONE.)라고 말한다. 파파 닥은 에미넴이나 관객들과는 달리 혈통도 없고 신뢰성도 없다는 의미다.

8) 기본적인 직접 마케팅: 반대 이유를 명시한다.

직접 마케팅을 하는 사람이나 영업사원들은 에미넴이 사용하는 다음 기술을 알 것이다. 제품을 판매할 때나 자신을 팔 때, 우리는 늘 상대방의 반대에 부딪힌다. 그들은 자신이 왜 반대하는지 잘 알고 있고 당신도 그것을 잘 알고 있다. 만약 당신이나 그들이 그 반대 이유를 겉으로 표시하지 않는다면 그들은 당신의 제품을 사지 않을 것이다. 또 그들이 당신 앞에 그 이유를 털어놓는다 해도 당신이 뭔가를 숨기고 있는 것처럼 보인다면, 당신은 그들이 반대 이유를 억지로 털어놓게 만드느라 시간만 낭비하게 될 것이다. 그래서 훌륭한 영업 기법은 모든 반대 의견을 미리 해결하는 것이다.

에미넴의 다음 대사들은 이것을 훌륭하게 다루고 있다. 그는 이렇게 말한다. "나는 그가 나를 욕할 거라는 걸 다 알고 있어." 그리고 하나씩 하나씩 그것을 열거한다.

"나는 백인이고, 아무 짝에도 쓸모없는 놈이야.

나는 엄마와 트레일러에서 살고 있지.

나는 어렸을 때부터 어른이 되면 엉클 톰 같은 노예가 될 거라는 걸 알고 있었어.

내겐 체다 밥Cheddar Bob이라는 모자란 친구가 있지 자기 총으로 자기 다리를 쏠 만큼 멍청한 녀석이지.

난 너희 여섯 명의 얼간이들을 모두 뛰어 넘었어."

그리고 등등. 그는 몇 가지 더 열거했지만, 목록 끝에는 더 이상 상대에 대한 비난이 없다. 모든 것을 다 말하고는 그 비난을 다 잊어버렸으니까. 랩 배틀(혹은 판매 설득)에서 상대가 할 말을 당신이 다 해버리면, 상대방은 할 말이 없어진다. 그가 할 말이 없어지면, 청중들, 또는 예상 고객은 당신에게서 물건을 사게 될 것이다. 이메일로 들어오는 직접 마케팅 자료를 보라. 거기에는 당신의 우려를 해소하기 위한 말들이 빼곡하게 쓰여 있다. 그것은 직접 마케팅에서 가장 중요한 기술 중 하나이기 때문이다.

9) 유머 편향

에미넴은 마지막 순간을 위해 가장 좋은 것을 남겨 놓는다. 그가 파파 닥을 쳐다보며 말한다. "하지만 난 너의 비밀을 알고 있지." 그는 그 대목을 강조하면서도 유머러스하게 부른다. 유머 편향이라는 것이 있다. 사람들은 진지한 것보다는 유머러스한 설명을 더 잘 기억한다.

10) 극단적인 소외 그룹 부각

"넌 크랜브룩Cranbrook을 다녔어." 그리고 나서 에미넴은 크랜브룩이 무엇인지 설명하면서 다시 '313 그룹'을 강조한다. "그건 사립학교지.” ‘쾅!’ 이쯤 되면 관중들이 더 이상 파파 닥을 편들 여지가 없지만, 에미넴은 이 소외 그룹을 더욱 부각시킨다. “그의 본명은 클라렌스 Clarence야. 그리고 클라렌스의 부모는 행복한 결혼 생활을 하고 있지.”

이 정도면 ‘쾅쾅!’이다. 파파 닥을 군중과 분리시키는 두 가지 사실을 더 폭로한 것이다. 그는 부자 학교에 다니는 세상 물정 모르는 철부지고, 그의 부모님과 함께 살고 있다는 사실을. 에미넴을 포함한 모든 관중들과 달리. 파파 닥이 313 지역에 살지 않는다는 것은 더 이상 의심의 여지가 없다.

11) 또 다시 권위적 편향

에미넴은 또 이렇게 읊조린다. “여기에는 그런… 것은 없으니까.” 관중들도 그에 호응한다. “반쪽 사기꾼들!” 관중들은 에미넴이 미국 동부의 또 다른 전설적 랩 그룹 맙 딥Mobb Deep의 노래에서 따온 가사를 인용하며 그가 무슨 말을 하려는지 정확히 알고 있다(그렇게 에미넴은 자신이 미 서부와 동부의 전설들을 잇는 혈통임을 강조했다) 그리고 관객들로 하여금 ‘반쪽 사기꾼’이라는 말을 하게 함으로써 자신들이 한 부류임을 부각시켰다. 반면 클라렌스는 쇼가 끝나고 그의 부모님과 함께 그의 집으로 돌아갔다.

12) 희소성

음악이 멈춘다. 이제 에미넴은 노래를 끝내고 파파 닥에게 차례를 넘겨줘야 한다. 하지만 그는 그렇게 하지 않는다. 그는 계속 지껄인다. "날 의심한다면 모두 꺼져버려. 승패는 상관없어. 난 이제 이곳을 나갈 거야." 그러면서 그는 퇴장한다. 관중들과 완전한 하나가 되었다가도 그들이 주는 것(승리) 따위는 원하지 않는다고 말한다. 그는 거기서 나가겠다고 말함으로써 자신의 노출을 줄인다. 어쩌면 그는 다시는 돌아오지 않을지도 모른다. 수요가 증가하는 데 공급을 줄이면 어떻게 되겠는가? 그건 경제학의 기초다.

당연히 가치가 오른다.

그가 배틀을 너무 철저하게 장악한 나머지 이제 영화의 시작 장면에서와는 반대로 파파 닥이 숨이 막힌다. 그는 그래도 에미넴처럼 완전히 포기하지는 않았다. 하지만 더 이상 할 말이 없다. 에미넴이 그가 할 말도 다 해버렸기 때문이다. 에미넴이 이미 모든 문제를 해결했기 때문에 파파 닥은 어떤 '반대 의견'도 제기할 여지가 없다. 그가 할 수 있는 일은 자신을 방어하는 것뿐인데, 그것은 그의 나약한 모습을 드러낼 뿐이다. 그리고 그는 철저하게 313그룹에 속하지 않는 사람이기 때문에 다시 돌아갈 방법도 없다. 간단히 말해 어떤 할 말도 남아 있지 않다. 에미넴은 그렇게 배틀에서 승리한다.

이제 에미넴은 그 승리로 무엇을 할까? 무엇이든 할 수 있었을 것이다. 그러나 그는 떠난다. 그는 영화 끝 장면에서 마치 언제 그토록 치열하게 싸웠는지 모를 정도로 그 자리를 떠난다. 그는 디트로이트 배틀 같은 시시한 생각에 연연하지 않고 자신만의 성공의 길을 스스로 선택할 것이다.

그의 음반은 전세계적으로 2억 2,000만 장이 팔렸다. 그는 또다른 천재 래퍼 '50센트'를 발굴하고 그의 음악을 프로듀싱했다. 그가 프로듀싱한 50센트의 음반은 수억 장이 더 팔렸다. 50센트는 작가 로버트 그린Robert Greene이 그의 역작 『50번째 법칙』(The 50th Law, 살림Biz, 2009)에서 적절하게 묘사한, 또 다른 '스스로 선택하는 자'의 표본이다.

4

어떤 분야에 최고가 된다는 것

내가 살면서 꾸준히 공부한 것은 '어떤 분야든 고수가 되려면 무엇이 필요한가'라는 것이다.

한 가지 확실한 것은 재능만으로는 안 된다는 것이다. 재능이란 때로는 도움이 되지만 때로는 인생을 해칠 수도 있기 때문이다. 약 20년 전에 나는 11살짜리 어린아이를 알았는데, 그 아이는 아마도 당시 세계 최고 체스 선수 중 한 명이었을 것이다. 나는 그렇게 재능 있는 아이를 본 적이 없다. 그는 12살 때 블리츠 체스(Blitz chess, 3분 또는 5분 정도의 시간 제한이 있는 체스 게임으로 스피드 체스라고도 함 - 역주)에서 그랜드 마스터를 이겼다. 나는 그가 정말 부러웠다. 당시 나는 27살의 실패자였고 그는 이제 마법의 인생을 시작하는 전도가 유망한 소년이었다. 모든 면에서 그는 어린아이였지만 체스 게임을 분석할 때만은 가장 성숙한 어른처럼 말했다. 그런데 언젠가부터 그가 보이지 않았다. 더 이상 체스를 두지 않았다. 나는 왜 그런지 수소문해 보았다. 그는 늘 이기기만 해서 패배를 감당할 수 없었다. 그의 재능은 그가 항상 다른 사람들보다 더 잘해야 한다고 믿도록 만들었다. 그러나 한 번의 패배로 그런 관점이 무너졌다. 재능이 그를 파멸시킨 것이다.

재능은 가장 작은 불꽃이다. 불꽃이 불을 붙이지만 불을 계속 유지하려면 더 많은 연료를 공급해야 한다. 그러지 않으면 그 불은 꺼지고 말 것이다. 그런 불꽃(재능)을 가진 사람들이 우리 중 얼마나 될까? 그리고 몇 년 동안 이리저리 얻어맞으면서 불을 꺼트린 사람은 또 얼마나 많을까. 바로 나처럼 말이다! 나는 계속 얻어맞으면서 물었다. "도대체 왜 이런 일이 또 생기는 거지?"

세레나 윌리엄스는 재능이 있었지만 재능에만 의존하지 않고 그 재능을 30년 동안 숙련된 기술로 연마한 완벽한 모범 사례다. 만약 그녀가 재능만 믿고 노력하지 않았다면, 그녀는 기껏해야 평범한 테니스 선수에 머물렀을 것이다. 그녀의 아버지가 세레나에게 처음으로 테니스 라켓을 준 것은 그녀가 세 살 때였다. 그녀의 아버지는 세레나를 학교에 보내지 않고 집에서 가르쳤다. 그는 그들이 일 년 내내 테니스를 연습할 수 있는 플로리다로 이사했다. 그리고 매일 그녀에게 테니스를 가르쳤고 그녀가 10살도

채 되기 전에 주니어 대회에 출전시켰다. 그녀는 이제 35살인데 역대 최고의 여자 테니스 선수다.

70억 인구 중 어느 분야에서 최고인 사람을 볼 기회가 생긴다면, 그에게서 인간의 잠재력을 조금이나마 엿볼 수 있을 것이다. 70억 인구 중 상위 1%라면 상위 7천만 명 안에 든다는 것을 의미하는데, 그 정도면 할 만하지 않을까. 그래서 나는 세레나 윌리엄스의 말을 듣고 싶었다. 그녀는 무엇을 보고, 무엇을 느끼고 무엇을 알고 있는지 말이다. 세레나의 눈을 통해서 보면 세상이 어떻게 보이는지 알고 싶었기 때문이다. 세레나의 말 몇 가지를 소개한다. 물론 나는 이를 통해서도 배웠다.

행운

"나는 행운 같은 건 신경 쓰지 않습니다. 셀 수 없이 수많은 시간 동안 매 순간 코트에서 훈련하느라 행운이 언제 올지도 모르니까요."

우리는 때로 공상을 하기도 하고, 생각하기도 하고, 계획을 세우기도 한다. 그러나 결과를 얻는 것은 행동뿐이다. 위대한 역사가 생각만으로 일어난 사례는 없다. 그것은 모두 주먹으로 일어났다. 오직 행동만이 결과를 낳는다.

만족

"나는 적당한 선에서 만족할 수 없어요. 내가 만족하면 '오, 그래. 윔블던도 우승했고, US오픈도 우승했으니 이제 쉬자'라고 생각할 테니까요. 하지만 지금 이 순간도 많은 사람들이 나를 이기려고 열심히 노력하고 있답니다."

나의 첫 회사를 매각했을 때 나는 당연히 내가 놀라운 천재라고 생각했다. 그래서 나는 모든 일에 돈을 투자하기 시작했다. '나 같은 천재가 어떻게 돈을 잃을 수 있단 말인가'라고 생각하면서. 나는 여러 회사에 투자했고, 새로운 사업을 시작했으며, 아파트도 샀다. 나는 거창하게 살았지만 결국 보잘것없는 존재임이 밝혀졌고 나만 그것을 모르고 있었다. 내 인생에서 진정한 의미를 찾지 못했다. 어느 순간 나는 더 나은 인간이 되는 법을 더 배울 필요가 없다고 생각했다. 이미 게임은 끝났고 내가 이겼다고 생각했으니까. 하지만 모든 것을 잃었을 때 비로소 진정한 배움이 시작되었다.

진짜 중요한 것

"테니스는 게임에 불과합니다. 진짜 영원한 것은 가족이지요."

내가 공부한 모든 분야에서 알게 된 점이 있다. 사람들이 최고 절정기에서 하는 일이 막히면 스스로 목숨을 끊는다는 것이다. 나는 글쓰기를 많이 공부한다. 어느 순간 나는 내가 좋아하는 거의 모든 작가들이 스스로 목숨을 끊었다는 것을 알았다. 나는 그것이 두려웠다. 또 한 번은 자살률과 주식시장의 성쇠를 비교해 보았다. 거의 완벽한 상관관계가 있었다. 라디오에서 이 얘기를 하고 싶었지만 그들은 "그렇지 않다"라고 말했다. 그들은 "자살 이야기를 하니까 자살이 생기는 것"이라고 말했다. 그래서 내가 그렇다면 자살을 어떻게 막을 수 있느냐고 물었다. 그랬더니 그들은 다시 내게 프로그램 출연을 요청하지 않았다. 사람들이 삶의 가치를 어떤 하나의 활동과 연관시킬 때, 그것은 치명적일 만큼 위험해진다. 우리는 우리가 잘하는 것에 대해 축하해야 한다. 동시에 삶에서 다른 것도 축하하는 여유를 가져야 한다. 다른 사람의 사랑, 우리 친구들, 그 외 재미있는 것들도 말이다. 나는 항상 내가 축하할 일을 다양화해야 한다고 스스로 말하곤 한다. 작은 것도 괜찮다. 꼭 큰일만 축하해야 하는 것은 아니다. '의미 있는 것'은 꼭 이기는 것만을 의미하지 않는다. 의미는 삶의 한 방법이다. 의미를 찾는 지름길은 매일 잠들기 전에 "오늘 나는 누구를 도왔는가?"라고 묻는 것이다.

성장

"요즘 기분이 좋아요. 비록 아직 내가 이르고 싶은 곳까지 이르지는 못했지만 확실히 예전보다는 기분이 좋아졌습니다."

많은 연구가 자녀들의 특정한 성취보다는 '성장'에 대해 칭찬

하면 장기적으로 더 나은 성과를 이룬다는 것을 보여주고 있다. 나도 내 성취에 대해 지나칠 정도로 많이 생각하곤 했다. "계급으로 치면 나는 어느 정도일까?" 같은 것 말이다. 성취는 빨리 사라진다. 그리고 당신이 그런 성취를 거두었을 때 당신과 어울리던 사람들도 어느새 사라진다. 이내 자신이 외로운 실패자처럼 느껴지게 된다. 1998년 내가 처음 회사를 팔았을 당시 내 친구였던 사람들 중에서 지금까지도 친구로 남아 있는 사람은 단 한 명도 없다. 그들은 모두 나를 떠났다. 아니면 내가 그들을 떠났거나. 정확히 말하기 어렵다. 최근에 어떤 분이 5년 후에 내가 어떤 사람이 되어 있을 것 같으냐고 물었다. 나는 그런 것에 대해 생각하지 않는다. 나는 매일 나아지려고 노력할 뿐이다. 육체적, 정서적, 마음 상태, 정신 건강 등에서 매일 1%씩 좋아지려고 노력한다. 결과는 알아서 나타날 것이다. 이것이 오늘 내가 성공적인 내일을 계획하는 유일한 방법이다. 내 불꽃이 불을 붙였는지는 모르겠다. 하지만 매일 1%씩 성장하는 것만이 불을 계속 유지할 수 있는 연료가 될 수 있다. 그러지 않으면 내 불꽃은 완전히 타 없어져 버릴 것이다.

사랑

"다른 사람과 사랑에 빠지기 전에 자기 자신을 먼저 사랑해야 한다고 생각해요. 나는 지금도 나 자신을 사랑하는 법을 배우고 있습니다."

나도 그렇다. 그것은 전적으로 훈련해야만 배울 수 있는 것이다.

여러 아이디어가 모여 새 아이디어로

"나는 '선수 생활을 마치고 난 후에 뭘 해야지'라는 생각을 하지 않습니다. 나는 선수 생활을 활발하게 하면서 뭔가 다른 일도 하고 싶습니다. 나는 항상 뭔가 새로운 일을 설계하는 것을 좋아하니까요."

당신도 한 번 해보시라. 두 가지 일을 동시에. 세레나는 무슨 일을 하던 테니스 코트에서 여전히 발군의 실력을 보여 왔다. 그녀는 테니스 코트에서도 화려한 의상을 입는 것으로 유명하다. 누가 알겠는가? 그녀가 가장 위대한 패션 디자이너 중 한 명이 될지. 이는 지구상에 태어나 오직 '한 가지 일'만 하란 법은 없다는 것을 보여주는 일이기도 하다. 우리가 여기 존재하는 것은 무엇이든 시도하기 위해서다. 우리가 하는 시도에 대해 왈가왈부할 사람은 없다.

그녀도 싫어하는 것이 있다

"솔직히 나는 신문을 읽지 않아요. 그들이 무슨 말을 하는지 전혀 모르니까요."

비판자에서 자유로울 수 있는 사람은 없다. 왜냐고? 그들이 적어도 자기 자신을 싫어하기 때문이다. 다른 대답은 없다. 모든 사람들은 비평가가 되기를 원한다. 비평가들이 있어야, 그들이 비평하고 싶어 하는 제대로 완벽하게 일하는 사람이 있을 수 있으니까.

모든 것에는 대가가 있다

"성공하려면 언제나 포기해야 할 것이 있지요. 모든 것에는 대가가 따르게 마련입니다. 단지 무슨 대가를 치르느냐의 문제일 뿐입니다."

이 말은 아이를 원하느냐라는 질문에 대해 세레나가 한 대답이었다. 이 대답은 '재능 대 숙련'이라는 질문을 다시 생각하게 만든다. 재능은 5초 동안 지속될 뿐이다. '숙련된 기술'이야말로 대가를 필요로 한다. 세레나는 테니스를 훈련하며 30년 이상을 보냈다. 대가를 치른다고 해서 항상 큰 희생만 의미하는 것은 아니다. 자신이 치르고 싶은 것을 희생하면 된다. 단 공짜는 없다.

실행하라!

"아버지는 늘 이렇게 말씀하셨지요. 잠자는 자에게 찾아오는 것은 꿈뿐이다."

꿈은 머릿속에 있다. 하지만 성장을 만들고, 숙련된 기술을 만들고, 탁월함을 만드는 것은 행동이다. 에디슨은 전구에 대한 꿈만 꾸지 않았다. 그는 한 실험을 성공시키기 위해 일만 번의 실험을 했다. 헨리 포드는 차를 만드는 꿈만 꾼 것이 아니다. 그는 자동차 회사를 세 번이나 설립하고 조립 라인을 만든 후에야 성공할 수 있었다. 스티브 잡스 역시 아이팟에 대한 꿈만 꾸지 않았다. 그는 소니 워크맨의 첫 모델을 사서 그것을 분해해 보고 마침내 어떻게 하면 더 잘 만들 수 있는지 알아냈다. 생각은 우리 삶의 모험을 머릿속에만 가두어 놓는다. 하지만 당신을 영웅으로 만드는 것은 행동이다.

나는 단 하나라도 세레나 윌리엄스가 테니스를 하는 것만큼 잘할 수 있었으면 좋겠다. 어쨌든 나는 그녀에게서 배울 수 있다는 사실에 멀리서나마 감사한다. 나는 그녀의 경기를 보는 것을 좋아한다. 그녀는 마치 신처럼 움직인다. 내가 매일 1% 좋아지기를 목표로 한다 해도 어떤 것에서든 세계 최고가 될 수는 없을 것이다. 하지만 그렇게 함으로써 내가 하는 모든 일에서 최고의 '나'가 될 수 있다는 것쯤은 안다.

5

창조의 규칙

바바라 코틀랜드Barbara Cortland는 세계 기록을 깼다. 그녀는 1983년 한 해 동안 23편의 소설을 썼다. 나이 82세에. 한 달에 두 편의 소설을 쓴 셈이다. 그녀는 모두 723편의 소설을 썼다. 마지막 소설은 97세에 쓴 것이었다. 그녀가 1년 후 세상을 떠났을 때, 아직 160개의 소설이 출판되기를 기다리고 있었다. 사람들은 그녀의 소설을 좋아했을까? 어떤 추정을 따르느냐에 따라 달라지는데 그녀의 책 판매량은 6억 권에서 20억 권 사이였다. 대부분 로맨스 소설이었다. 그녀의 작품이 창의적이었을까? 그녀를 예술가라고 할 수 있을까? 그런 질문들이 중요한지 모르겠지만.

그녀는 소설 쓰는 일을 좋아했다. 그렇지 않았다면 그렇게 많은 책을 쓰지 않았을 것이다. 그리고 사람들은 그녀의 작품을 좋아했다. 그렇지 않았다면 10억 권이나 팔리지 않았을 것이다. '예술적'이냐는 말은 질문도 될 수 있고 답이 될 수도 있다.

피카소는 알지도 모른다. 그는 "그림 분야에서는 예술성이 작을수록 더 많은 그림을 그릴 수 있다."고 말했다. 다시 말하자면, 그런 것은 신경 쓰지 말고 자신의 일을 하라는 것이다. 다른 사람들이 뭐라고 하던 신경 쓰지 말라. 그러지 않으면 그들이 정해 놓은 것에 당신 자신을 가두게 될 것이다. 왜 그의 말을 들어야 하냐고? 그는 평생 무려 5만 점의 그림을 그린 사람이니까. 하루 평균 2점의 그림을 그렸다!

창의적이 되려면 반드시 다작을 해야 하는 것일까? 천만에, 그렇지 않다. 많은 위대한 작가나 예술가들은 그들의 대표작을 가지고 있고, 그것으로 활동을 끝냈다. 하지만 많은 작품을 남기는 사람들도 있다.

지미 헨드릭스Jimi Hendrix는 27세에 세상을 떠나기 전 70여 장의 앨범을 냈다. 모차르트는 생전에 600여 곡을 작곡했다. 찰스 슐츠Charles Schulz 는 죽기 전에 1만 7,897장의 찰리 브라운 만화를 만들었다. 나도 그들처럼 되고 싶다. 예술가들에게 가장 잔인한 것은 매일 아침이 백지라는 것이다. 이전에는 전혀 존재하지 않았던 것을 무에서 창조해야 한다.

사람들은 "모든 것이 이미 누군가는 쓴 것이다."라고 말한다.

"세상에 새로운 것은 없다."는 말이다. 하지만 그건 거짓말이다. 개요는 누군가가 이미 썼을지 몰라도 사람마다 자신만의 지문(개성)이 있다. 그 지문을 개요에 넣는 것만으로도 당신만의 독특한 작품이 된다. 그리고 연습을 반복하고 취약점을 고치면서 그 지문을 다른 사람들이 보고 싶어하는 작품으로 만들어나가는 것이다.

창조의 규칙 같은 것이 있는지 모르겠다. 다행히 몇 가지 규칙을 캐내 피카소의 말을 빌려 정리해 보았다.

"당신이 하는 일에 '고통'이 없다면 그건 좋은 게 아니다."

나는 이 인용구가 마음에 든다. '고통이 있다'는 것은 많은 의미를 내포하고 있다. 당신이 너무 실험적인 사람이라면 사람들은 당신을 좋아하지 않을지도 모른다. '고통이 있다'는 것은 당신이 늘 새로운 일을 추구한다는 뜻일 것이다.

바바라 코틀랜드는 어떻게 700편의 로맨스 소설을 쓸 수 있었을까? 그 이야기들이 모든 뻔한 내용들인데. 하지만 거기서부터 문제가 시작된다. 바바라의 책 700권 모두에서 두 명의 연인이 만난다. 하지만 문제가 생겨 그들은 헤어진다. 코틀랜드는 두 연인 사이를 떼어놓기 위해 700가지의 각기 다른 문제들을 생각해내야 했고, 다시 그 문제들을 해결해야 했다.

존 그리샴John Grisham은 자신이 쓰는 모든 추리 소설에서 주인공의 목숨이 악당의 손에 달린 긴박한 장면을 그려야 했다. 제임스 본드 영화마다 본드는 나쁜 자의 손에 죽임을 당할 위기를 겪는다. 그럼에도 작가들이 매번 같은 방식으로 문제를 해결한다면 그들은 창의성을 상실한 것이다. 여기서 '고통'은 작가가 이전의 해결책과는 다른 새로운 방식으로 문제를 해결해야 한다는 데서 비롯된다. 고통이 클수록 대개 더 멋진 결과가 나온다.

내가 관여했던 사업이 실패했을 때 나는 많은 돈을 잃었다. 그것은 큰 고통이었다. 그래서 나는 내가 잊어버렸거나 신경 쓰지 않았던 다른 프로젝트에 나 자신을 쏟아 부었다. 결과는 믿을 수 없을 정도로 좋았다.

이 장을 쓰는 동안 나는 충분히 고통을 겪고 있는 것일까? 이 장의 고통은 창의성에 대해 글을 쓰는 것이 매우 자기중심적이라는 데서 비롯된다. 내가 도대체 창의성에 대해 뭘 안단 말인가? 나는 창의성에 대해 전혀 아는 바가 없다. 그래서 나는 피카소, 바바라 코틀랜드, 모차르트에게 공을 넘기고 그들이 남긴 창의성에 대한 실마리를 엮어보려고 한다. 나는 학생에 불과하고 그들이 내 선생님이다.

"프로처럼 규칙을 배워라. 그러면 예술가처럼 그 규칙을 깰 수 있을 것이다."

커트 보니것Kurt Vonnegut은 그의 소설에서 올바르게 한 게 하나도 없다. 그 이전의 다른 소설가들은 정교한 구성, 아름다운 표현, 사려 깊은 등장인물들을 구현하곤 했다. 보니것이 쓴 고전인 『제5 도살장』(Slaughterhouse Five)에서 주인공은 시간과 공간을 오가며 드레스덴의 살육을 경험하는 비열한 남자다. 시간여행과 우주여행 장면이 나오지만 『제5 도살장』은 결국 모든 규칙을 어긴 자전적 회고록이다. 그러나 보니것은 "문법의 규칙을 알아야 문법의 규칙을 어길 수 있는 것 아닌가?"라고 반문한다. 그는 공상과학 소설과 그보다 더 전통적인 소설 쓰기의 전통적인 '규칙'을 수 년 간 따른 후에 이 책을 썼다.

숀 코인Shawn Coyne이 『스토리 그리드』(The Story Grid)에서 말했듯이, 모든 장르에는 의무적인 장면이 있다. 그것을 어기지는 마라. 창의성도 그걸 지켜가면서 하는 것이다. 영화 스타워즈에서 루크가 다스 베이더의 손에 잡혔을 때, 아버지를 죽인 원수로 알고 있던 다스 베이더가 뜻밖의 말을 한다, 짠!

"내가 네 아버지다."

이렇게 말하는 게 예술적인 건가? 만일 우리가 전통적 공식을 따른다면? 숀은 스티브 잡스Steve Jobs가 예술작품이라 할 수 있는 아이폰을 만들기 전에 전화기의 장르를 엄격하게 따랐다고 지적한다. 일론 머스크Elon Musk도 그의 첫 테슬라를 만들기 전에 자동차의 모든 장르를 따랐다. 어떤 일을 전에 수십억 번 했다면 그 일을 자기 방식대로 하는 마술이 생긴다.

"우선 해보는 것이다."

나는 책, 쇼, 사업에 대한 아이디어가 있는 사람들을 굉장히 많이 알고 있다. 하지만 그들은 항상 "시간이 나면 그 일을 할 거야." 또는 "그 일을 하기에 난 너무 늦었어."라고 말한다.(바바라 코틀랜드가 82세에 23권의 책을 썼다는 것도 모르면서 말이다)

역사상 가장 위대한 농구 선수 중 한 명인 코비 브라이언트 Kobe Bryant는 믿을 수 없는 세계 기록을 가지고 있다. 그는 13,000개 이상의 슛을 실패했는데, 이는 프로농구에서 어느 선수보다도 많은 숫자다. 실제 행동으로 옮기는 것이 무엇보다도 중요하다는 얘기다. 아무것도 없는 상태에서 '생각하고' '행동으로 실천하고' '포기하지 않고 끝까지' 이를 매일 반복 훈련한다.

"남의 것을 베끼는 것은 필요하지만 자신의 것을 베끼는 것은 한심한 일이다."

내가 씨름하는 것도 이 문제다. 사람들은 나에게 일상의 문제가 무엇이냐고 묻는다. 이것이 바로 내 문제다. 가끔 내가 올린 글을 돌아보며 "사람들이 지금까지 그걸 좋아했으니까 그런 스타일로 다시 해야지."라고 생각한다. 그런 생각이 들 때가 정말 싫다.

나는 이 주제를 더 자주 되새겨야 한다. 피카소는 안이함에 빠질 때마다 스타일을 완전히 바꾸었다. 그의 푸른 시대(Blue

Period, 피카소가 1901년부터 1904년 사이에 주로 어두운 청색과 청록색 풍의 단일 색조 그림을 그렸던 시기 - 역주) 그림은 전혀 입체파나 초현실주의 같지 않다. ['게르니카'Guernica(스페인 내전 당시 나치가 게르니카를 폭격한 사건을 담은 그림 - 역주)를 보라] 나는 각 기간이 다른 기간에 서로 영향을 미쳤다고 확신한다. 피카소는 외로운 천재는 아니었다. 피카소가 입체파의 아버지일지는 몰라도 그는 분명 세잔느와 마티스의 어깨 너머로 배우고 경쟁하면서 그들이 이전에 이뤘던 것을 능가하려고 노력했다. 그가 그들을 따라하면서 자신의 옛 스타일을 버리고 새로운 혼합 작품을 완성했는데, 그것이 오늘날 우리가 입체파라고 부르는 것이 되었다. 그러고 나서 그는 이를 버리고 다시는 돌아오지 않았다. 솔직히 말하자면 바바라 코틀랜드도 후반기에는 자신을 너무 많이 따라 한 것 같다. 그녀의 마지막 20년은 비록 왕성했지만 판매량은 줄어들었다. 하지만 누가 뭐라고 한단 말인가? 그녀는 자신이 한 일을 사랑했고 그것을 계속 하고 싶어 했을 뿐이다.

이 문제에 대해 피카소는 이렇게 말했다. "성공은 위험하다. 성공하고 나면 자신을 베끼기 시작하고, 자신을 베끼는 것은 다른 사람을 베끼는 것보다 더 위험하다. 결국 창작 활동을 다시 할 수 없게 된다."

"창조의 가장 큰 적은 좋은 취향이다."

영국의 소설가 E. L. 제임스의 에로틱 로맨스 소설 『그레이의 50가지 그림자』(50 Shades of Grey)가 4000만 부나 팔릴 때, 모두 가 그 소설을 싫어했다. 나는 그 소설이 왜 위대한 문학 작품인지 에 대해 기사를 썼다. 그랬더니 이런 이메일을 받았다. "당신 같 은 사람 때문에 미국이 무너지는 거요. 교육도 제대로 받지 못한 사람들이 이런 헛소리를 지껄인다니까."

뭐, 그럴 수 있다. 하지만 4,000만 명의 사람들이 그 책을 읽었 다면 내 취향이 아니라고 그저 무시해서는 배울 게 없다. 반면 전 국 도서상(National Book Award) 최종 후보에 오른 작품들은 고 작 5,000부 정도밖에 팔리지 않는다. 물론 판매량이 전부는 아니 다. 때로는 예술 작품이 다수가 아닌 소수를 위한 것이 될 수도 있다. 그러나 취향의 중재자(arbiters of taste, 권위 있는 심사위원들을 일컬음 - 역주)들은 모두 과거를 평가 기준으로 삼는다. 미래는 아 직 백지상태다. 그렇지 않았다면 우리가 미리 거기에 가 있을 것 이다.

"상상할 수 있는 것은 모두 현실이 된다."

일론 머스크는 화성에서 죽고 싶어 한다. "충돌하지만 않는다 면 말이죠."

실제로 그렇게 될지 안 될지는 모르겠다. 하지만 그는 화성에

갈 수 있는 로켓을 만들었다. 로켓 기술을 연구한 지 40년 만의 개가다. 그는 로켓에 연료를 공급할 수 있는 배터리와 태양 전지를 만들었다. 그는 우주로 로켓을 발사했고, 단 3.2초 만에 60마일(100km)의 속도를 낼 수 있는 전기 자동차를 만들었다. 아직 확실치는 않지만 어쩌면 그는 정말 화성에 도착할 것이다.

한번은 영화전문 케이블 방송 HBO의 CEO에게 직접 아이디어를 주고 싶어서 가던 중 친구 한 명을 우연히 만나 내가 어딜 가고 있는지 말한 적이 있었다. 그녀는 "말도 안 돼!"라고 말했다. 그에게 가서는 안 된다는 것이었다. 나는 결국 그에게 갔다. 그는 "내 아이디어가 좋다"고 말했다. 대부분의 경우 사람들은 '안 된다'고 말한다. 내가 행했던 거의 모든 사업에서 '좋다'는 대답을 한 번 들었다면 '안 된다'는 말은 스무 번 꼴로 들었다.

피카소는 또 "나는 항상 내가 할 수 없는 일을 한다. 그것이 내가 일하는 방식이다."라고 말했다. 언젠가 내 딸이 학교에서 테니스 시합을 했다가 졌다. 나는 딸에게 물었다. "시합에서 지고 무엇을 배웠니?" 딸아이가 대답했다. "무슨 뜻이야? 시합에 져서 속상해 죽겠는데." 만약 딸아이가 항상 자신이 할 수 있는 것(예를 들어, 더 어려운 서브를 시도하다 게임에서 더 많이 지는 경험을 하지 않고 안전한 한 가지 서브)만을 고집한다면, 지금 할 수 없는 것을 더 잘하게 되지는 못할 것이다. 이기고 지는 것은 '어쩔 수 없는' 일이다. 일의 승패를 가르는 것은 '할 수 없는 일'이다. 우리가 '할 수 있는 것'만 한다면 늘 안전한 상자 안에 갇혀 있게 될 것이다.

1953년에 피카소는 그림 그리기를 포기했다. 그는 영원히 그림을 그리지 않겠다고 생각했다. 생전 처음으로 시를 쓰기 시작했다. 다음엔 노래를 시작했다. 잘됐냐고? 아마 아닐 것이다. 그는 다시 그림 그리기로 돌아갔다. 하지만 그는 '할 수 없는 일'을 '내가 해 본 일'로 바꾸었다. 피카소는 말했다. "무의식적으로 드러나는 태도(Accidents)를 바꾸려는 것은 불가능하다. 그 일이 그 사람의 본질을 드러내기 때문이다." 우리의 현실은 자습서나 '리더가 되는 10가지 방법' 같은 기사에 나와 있지 않다.

무의식적으로 드러나는 태도는 한 인간으로서, 창조적 예술가로서 당신이 누구인지를 가늠할 수 있게 해준다. 당신은 배신감과 실망감이 찾아올 때에야 비로소 자신이 어떤 인간인지 시험해 보고 그것을 바꾸려고 시도한다.

6

우리는 결국 그 문제를
해결할 것이다.

루이 암스트롱은 죽은 지 45년이 넘은 사람이다. 나는 최근에 그가 자신의 부인이 지켜보는 가운데 이집트 기자(Giza)의 대 스핑크스(Great Sphinx) 앞에서 트럼펫을 연주하고 있는 사진을 보았다. 아버지에게 버림받은 한 아이가 있었다. 그의 어머니는 매춘부였고, 그 아이는 뉴올리언스의 사창가에서 트럼펫을 연주하곤 했다. 어린 시절부터 삽으로 석탄을 캤던 그 아이가 이제 스핑크스 앞에서 트럼펫을 연주하고 있는 것이다. 이것이 단지 꿈에 불과한 걸까? 한 인간이 그렇게 거대한 삶을 살 수 있단 말인가? 나는 과연 그렇게 큰 삶을 살아왔던가? 내 잠재력을 최대한 발휘하면서?

삶은 진정으로 그 안에 뛰어들어 모든 경험을 자신만의 특별한 것으로 만드는 사람들의 것이다. 압제자들, 심지어 내부 압제자들조차도 세상의 대가들을 그들의 위대한 삶에서 끌어내리지 못한다. 그들은 척박한 환경 속에서도 자신만의 경험, 자신만의 상황, 자신만의 마법을 창조해 항상 자신의 주변에 머물게 한다. 나도 그런 마술사가 되고 싶다. 그 사진이 너무 아름다워서(그가 살아온 환경을 생각하면 더욱 그렇다) 루이 암스트롱에 대한 몇 가지 생각이 떠올랐다.

우리는 결국 그 문제를 해결할 것이다

더 이상 가족을 부양할 수 없고, 사랑할 사람을 찾을 수도 없고, 새로운 사업을 시작하거나 회사를 팔수도 없게 되었다고 생각했을 때, 더 이상 아버지와 친구를 잃거나 결혼 생활이 무너질 일도 없다고 생각했을 때, '이 일을 해결하지 못하면 죽어버릴 거야'라는 생각이 들 때, 그 때야말로 내가 인생의 패배자라고 느끼는 순간이다. 그러나 우리는 결국 그 문제를 해결할 것이다. 그것은 우리가 살아 있다는 또 하나의 흔적이 된다. 마침내 우리가 그 문제를 물리치고 다른 일에 정신을 쏟기 시작한 때, 그때가 가장 즐거운 순간이 된다.

고통을 예술로 승화시키다

루이 암스트롱은 유년 시절의 고통을 음악으로 치유했다. 그가 어렸을 때 아버지는 가족을 버렸고, 어머니도 그를 버리고 매춘부가 되었다. 그는 어린 나이에 대공황을 겪었다. 나는 그런 고통을 상상조차 할 수 없다. 내가 다섯 살 때 어머니가 "도망갈 거야"라고 말하며 협박한 적이 있지만 그냥 농담이었거나 그날 하루의 상황이었을 것이다. 그러나 40년이 지난 지금도 나는 그 일을 생각하면 본능적인 공포를 느낀다. 그런데 매일 매일 그런 공포 속에서 산다고 상상해 보라. 그는 완전히 버림받았다. 그는 어린 소년일 때부터 뉴올리언스의 홍등가로 석탄을 나르는 일을 했는데, 그곳에서 처음으로 음악이라는 것을 접했다. 사창가에서 흘러나오는 음악을 들은 것이다. 그런 생활이 계속되었다. 당신의 고통을 굳이 음악으로 바꿀 필요는 없다. 무엇이든 다른 것으로 고통을 바꿔라. 글을 써도 좋고, 생각을 정리해도 좋고, 사업을 시작해도 좋다. 취직을 한 다음 탈출 흉계를 꾸미며 그 곳을 날려 버려도 좋다. 오늘 당장 시작하라.

굴복하는 마음

그는 흑인이지만 유대인이라고도 할 수 있다. 한 유대인 가정에서 그가 갈 곳 없이 버려진 아이라는 걸 알고 데려다가 친 자식처럼 키웠기 때문이다. 이후 그는 평생 다윗의 별(육각형 별 모양으로 유대교의 상징임 - 역주)을 목에 걸고 살았다. 우리는 우리에게 평화를 준다고 생각되는 대상이면 무엇이든 매달리는 경향이 있다. 그것이 부처든 예수든 모세든 요가 경전이든 상관없다. 우리에겐 저 세상에는 지금보다는 더 좋은 어떤 것이 있다는 희망을 줄 수 있는 무언가가 필요하니까.

나는 매일 일어나면 창밖을 내다보고 내 몸 밖에 있는 어떤 존재에게 "오늘도 내가 생명을 구할 수 있도록 도와주십시오."라고 말한다. 누구한테 하는 말인지 나도 모르겠다. 그건 중요하지 않다. 어쩌면 그곳에는 아무도 없을지도 모른다. 다만 그렇게 하면 아주 짧은 순간이지만 자신의 걱정과 근심에서 벗어날 수 있다. 그러려면 믿음이라기보다는 어느 정도 굴복한다는 마음가짐이 필요하다. 매일 아침 친구, 연인, 직원들을 위해 이를 간구하라. 어떻게 하면 내가 가진 보잘것없는 힘으로 그들을 조금이라도 더 도울 수 있을까?

변비는 모든 악의 근원이다

암스트롱은 설사약에 집착했다. 심지어 몇 가지 약을 발명하려고까지 했다. 우리가 영원히 살려면, 창자, 신장, 간 등을 가능한 한 깨끗이 해야 하는데 이는 실제로 가능한 일이다. 똥이 우리의 심장과 뇌에 닿을 때까지 몸 안에서 돌아다니도록 내버려 둘 이유가 없지 않은가? 그래서 암스트롱은 가능한 한 몸 안의 배설

물을 많이 쏟아냈다. 몸 안을 청결하게 유지하면 그 안에서 나오는 음악도 깨끗해질 거라 생각했던 것이다. 그는 영국 여왕에게도 이 간단한 개념을 가르치려고 노력했는데, 그녀가 진지하게 들었는지는 잘 모르겠다.

자기 분야의 역사를 배워라

왜 형편없는 밴드들은 똑같은 소리를 내는 반면 역사적으로 성공한 밴드들(비틀스, U2, 레드 제플린, 롤링스톤스 등)은 개성 있는 소리를 내는 것일까? 그 밴드들을 좋아하는지 여부와는 별개로 나는 항상 그 이유가 궁금했다. 그 이유는 바로 성공한 밴드들이 스스로 선택한 분야를 최대한 많이 공부하고 배웠기 때문이다. 연주하는 방법뿐만 아니라 그 분야의 역사까지 말이다. 나는 우리 아이들에게 노래든 탭 댄스든, 만화 그리기든, 그 외 어떤 것이든 배우길 원한다면 지난 100년 동안 그 분야의 대가들에 대해 가능한 한 모든 것을 배워야 한다고 말한다. 그들의 모든 스타일을 배우고, 그들을 흉내 내는 법을 배우고, 그들에게 영향을 준 것이 무엇인지 배워라. 그런 사람들은 한 눈에 알아볼 수 있다. 이를 다 배운 다음에야 비로소 자신만의 독특한 스타일을 개발할 수 있으며, 이로써 그 일을 완전히 숙달할 수 있다.

루이 암스트롱도 그렇게 했다. 그는 70년 생애 중에서 60년 동안 매일 트럼펫을 불면서 가능한 한 모든 음악가들을 연구했고 그들과 함께 일했다. 이것이 성공할 수 있는 유일한 길이다. 당신만큼 잘하려고 하는 지구상의 70억 명의 사람들보다 더 잘하려면 말이다. 그들과 경쟁하려면 어떻게 해야 하겠는가? 오직 진실하고 성실한 열정으로 열심히 노력하는 방법뿐이다. 그것이 스핑크스 앞에서 트럼펫을 부는 마술사가 되는 길이다.

유연해져라

암스트롱은 트럼펫에서 트롬본, 스토리텔링, 노래 등으로 활동 무대를 계속 넓혀갔다. 그는 자신을 음악이 필요한 모든 상황에서 유용한 존재로 만들었다. 그는 "나는 ~ 할 수 없다"는 말로 자신을 비하시키지 않았다. "난 그 악기는 연주할 수 없어." "난 노래는 잘 못해." 따위의 말들은 입 밖에도 내지 않았다. 암스트롱은 무엇이든 할 수 있었다. 그는 모든 일에 '예'라고 말하고 나서 그 분야에서 세계 최고가 되었다. 그는 어떻게 해야 어떤 일에서 최고가 될 수 있는지를 아는 사람이었다. 자신의 능력에 한계를 두어서는 안 된다.

기회는 언제든 있다

대공황 때는 모든 기회가 스스로 닫혔다. 돈도 다 떨어졌다. 암스트롱의 동료들은 뉴올리언스로 돌아가 닭을 기르거나 공장에서 일하거나 이도 저도 안 되면 기근에 시달렸다. 그러나 암스트롱은 LA로 가서 코튼 클럽(Cotton Club)에서 연주 활동을 계속했다. 그는 이 나라의 다른 지역이 침체에 빠져 있다는 것에 아랑곳하지 않는 할리우드 관중들의 주목을 받았다. 어딘가에는 항상 돈이 있기 마련이다. 나는 많은 사람들이 세상이 무너지고 있다고 불평하는 소리를 거의 매일 듣는다. 하지만 그렇지 않다. 지금이 2차 세계대전이 시작되고 모든 사람들이 가난에 시달렸던 대공황 때보다는 훨씬 낫다. 여기 세상 모든 것이 자신에게 불리하게 작용했던 한 사람이 있다. 그는 가난했고, 흑인이었으며, 실직했고, 배고팠다. 그뿐만 아니라 온 나라가 침체에 빠져 있었다. 그런 상황 속에서도 그는 놀라운 경력을 쌓았다. 그리고 최고가 되었다.

7

그들을 위대하게 만든 정신적 기반

코미디언 스티븐 라이트Steven Wright는 루이스 C.K.가 그의 TV쇼 대본을 쓰는 것을 직접 돕는다. 그는 루이스 C.K.가 도움을 받을 수 있다고 생각하는 유일한 사람이다. 스티븐 라이트는 이런 농담을 했다.

"세상은 참 작아. 하지만 그걸 그리고 싶진 않아."

나는 어제 스티븐 라이트가 커트 보니것Kurt Vonnegut의 소설을 모두 읽었다는 기사를 보았다. 야호! 나도 커트 보니것의 소설을 다 읽었다. 커트 보니것은 거의 20권의 베스트셀러를 썼다.

그의 책『고양이 요람』(Cat's Cradle, 아이필드, 2009)은 거의 모든 고등학교에서 의무 추천도서로 꼽힌다. 나는 그를 좋아한다.

하지만 그는 완전히 실패한 사람이었다. 그는 20년간이나 소설을 썼지만 1968년 그의 책은 모두 절판되었다. 그는 빈털터리였다. 그 후 아무도 그에 대한 소식을 듣지 못했다. 신경 쓰는 사람도 없었다. 그의 경력은 끝났다. 그러나 그의 소설 중 몇 개는 나중에 엄청난 베스트셀러가 되었다.『고양이 요람』,『타이탄의 사이렌』,(The Sirens of Titan, 금문서적, 2003),『마더 나이트』 (Mother Night, 문학동네, 2009) 등등.

나는 유튜브 조회수가 10억이 넘는 유튜버 케이시 네이스탯 Casey Neistat과 인터뷰한 적이 있다. 그는 영화제작자가 되고 싶어 했다. 과연 그가 할리우드에서도 성공할 수 있을까?

그는 "내 첫 영화는 정말 형편없었습니다. 내가 이 일을 15년 동안 해왔는데도 말이죠."라고 털어놓았다. 또한 "24분의 1초짜리 영상 하나 하나가 이야기를 앞으로 나아가게 한다."라고 말했다. 다만 케이시는 자신이 만든 영화를 들고 영화사를 찾아가 경비원에게 제지당할 일이 없다. 그는 매일 영상을 만들어 유튜브에 업로드하며 50만 명의 사람들이 그의 영상을 본다. "남들이 어떻게 생각하든 상관하지 않아요. 원래 예술가들은 그런 것에 신경 쓰지 않습니다." 하지만 안타깝게도 나는 신경을 쓴다. 그것도 너무 심하게. 그러면서도 나는 내가 신경 쓰고 있다는 사실을 감춘다. 그러지 말아야 한다는 것을 알면서도 말이다.

내가 존경하는 이런 사람들 속에 있으면 자신이 어린애처럼 느껴진다. 케이시의 작업실을 나오면서 나는 모든 장비를 두고 나왔다. 핸드폰도 깜빡 했다. 그가 뒤쫓아 나왔다. 너무 신경 쓰다 보니 긴장한 것 같다.

반면 커트 보니것에게는 그를 막는 경비원들이 있었다. 그는 출판사와 서점에 의존하고 있었기 때문이다. 마침내 그는 출판사와 서점이 모두 좋아할 만한 책 『제5 도살장』을 출판했고 이후 그의 모든 책들이 조금씩 출판되기 시작했다. 그는 최고의 베스트셀러 작가 중 한 명이 되었다. 모든 위대한 예술가들의 공통점은 이것이다.

'그들에게는 자신의 일과 관련된 정신적 기반이 되는 개인적 경험이 있다.'

커트 보니것의 경우, 그가 전쟁 포로로 있었던 독일 드레스덴 대공습에서 극적인 영향을 받았다. 하루만에 13만여 명이 숨졌다. 히로시마의 원폭에서 9만 명이 죽은 것보다 더 큰 희생이었다. 하지만 커트 보니것은 살아남았고 그 후 시체를 찾는 것이 그의 일이 되었다.

그가 책을 쓸 때에도(예를 들어 『제5도살장』은 그의 인생에서 가장 끔찍한 순간을 기반으로 쓴 것이다), 과거 경험을 근거로 몰두할 수 있었다. 시간 여행, 다른 행성들, 저자를 소설의 단역에 등장시키는 것 등 온갖 실험적인 요소가 그런 경험에서 나온 것이다.

그는 필요할 때마다 과거에 경험했던 느낌으로 되돌아갈 수 있다. 우리는 그의 느낌에 모두 공감한다. 그런 감정적인 기반이 없으면 성공할 수 없다.

해리포터 시리즈도 그런 예 중 하나다.

정서적 기반: 친척들에게 학대 받는 고아가 특별한 사람이 되고 싶어 한다.

그래서 나온 스토리: 세상의 나쁜 마법과 싸우기 위해 마법사 학교에 가자!

또 다른 예는 '캐리'Carrie라는 영화다.

정서적 기반: 지나치게 종교적이고 엄격한 어머니를 둔 소녀가 사회적으로 왕따를 당한다.

그래서 나온 스토리: 무도회장의 모든 사람에게 피를 뿌린다.

이 작가들 중 누구도 화려한 언어를 구사하지 않는다. 하지만 그들은 감정적 기반을 가지고 있고 그 감정을 스토리로 풀어낸다. 그들은 '훈련 받은' 작가가 아니지만 그래도 글을 쓴다.

예술과 혁신은 안이한 생활이라는 당신의 정서적 감옥 바로 바깥에 있다. 나는 보니것이 그의 감정적 경험을 포기하면서 글이 쇠퇴하기 시작했다고 생각한다. 그는 자신의 편안한 영역 밖에 있는 것에 초점을 맞추며 계속해서 탐험하는 대신 독자들의 환심을 사려고 노력했다. 당신의 감정적 기반은 무엇인가? 당신 인생의 어느 시점에서 과거를 완전히 파괴시킨 사건은 무엇인가? 작은 순간일 수도 있고 큰 사건일 수도 있다. 그런 순간들이 바로 당신이 스스로 선택하는 순간들이다.

글 쓰기에 대한 보니것의 비판적 조언은 창조나 혁신, 탐험을 원하는 사람이라면 누구나 반드시 읽어보아야 한다. 나도 빨리 성장해서 언젠가 케이시나 보니것, 스티븐 라이트(참, 그리고 루이스 C.K.)처럼 될 수 있기를 바란다. 사실 루이스 C.K.의 글쓰기 조언이 하나 더 있다. 나는 팀 페리스가 배우 비제이 노박BJ Novak과 한 인터뷰에서 이것을 들었다. 루이스 C.K.는 이렇게 말했다. "어떤 일에 대해 일주일에 세 번 생각한다면 반드시 그것을 써야 한다." 어쩌면 그것이 이번 주에 당신이 느끼는 감정의 기반이 무엇인지 알아내는 좋은 지름길이 될 수 있다.

8

아이작 아시모프에게 배운
다섯 가지 특별한 교훈

경찰이 나를 잡으러 왔을 때, 나는 15살이었다. 그때 나는 로버트 레빈슨Robert Levinson과 함께 SF 작가이자 생화학자인 아이작 아시모프의 연설을 들으러 갔다. 우리는 둘 다 아시모프의 팬이었다. 나는 그의 소설 『파운데이션』 시리즈(Foundation, 황금가지, 2013)를 좋아했다. 그 소설은 은하제국Galactic Empire의 흥망에 관한 이야기다. 한 무리의 사람들이 통계학(역사 심리학)을 이용해 은하제국이 3만 년 후에는 멸망할 것이라고 주장한다. 그래서 그들은 그 전에 가능한 한 많은 정보를 저장하려고 한다. 이 시리즈는 원래 1950년대 초에 세 권의 책으로 발표되었는데 지금까지도 인기가 높다. 나는 2003년에 그 책을 다시 읽었지만, 두 번째 읽었을 때에 더 심취했다. 내가 별로 관심이 없었던 그의 또다른 소설은 윌 스미스Will Smith가 주연한 영화 〈아이, 로봇〉(I, Robot)으로 만들어졌다.

아시모프가 연설에서 무슨 말을 했는지는 기억이 나지 않는다. 그런 유명 인사와 같은 방에 있는 게 처음이어서 압도당했던 것 같다. 연설이 끝난 후 우리는 레빈슨의 집으로 갔다. 그는 얼마 전에 모터자전거를 샀다고 했다. 나는 모터자전거를 타본 적이 없어서 그걸 타고 동네 한 바퀴를 돌았는데 경찰이 우리를 불러 세우더니 내게 제임스 알투처냐고 물었다. 만약 지금 다시 그런 상황에 처한다면 자동반사적으로 "아뇨, 하지만 그 녀석이 다른 쪽으로 가는 걸 봤어요."라고 말했을 것이다.

어쨌든 내가 아시모프 연설이 끝나고도 연락 없이 집에 돌아오지 않자 조부모님이 경찰에 신고했다. 조부모님은 아시모프라는 광신 집단이 있어서 내가 그곳에 가입한 줄 알고 걱정하셨던 것이다. 그들은 밤새도록 그 이야기만 했다. 나는 그저 평생 처음으로 모터자전거를 타고 싶었을 뿐이었는데.

나는 파운데이션 시리즈와 몇 가지 외에는 공상과학 소설에 관심이 없었다. 그보다는 판타지 장르에 더 빠져 있었다. 나의 영웅은 존 로널드 톨킨John Ronald Tolkien이나 로저 젤라즈니 Roger Zelazny 같은 사람들이었지 아시모프가 아니었다. 하지만 최근에 그의 회고록과 그의 단편 작품들 몇 권을 읽으면서 그에 대한 기억이 새롭게 떠올랐고 그에게도 배울 점이 많다는 것을 알게 되었다.

다작능력

아시모프는 467권의 책을 출판했다. 그중에는 문집도 몇 개 있다. 그렇게 다작을 하면서도 모든 이야기에 깊은 자기 성찰이 들어 있다. 그의 책은 대부분 논픽션인데, 소설보다 논픽션이 쓰기 쉽다고 생각했던 것 같다. 그는 워드프로세서가 발명된 이후에는 하루 평균 1700단어를 쓴 것 같다고 말했다. 대부분의 사람들은 1700단어는 고사하고 하루 500단어 쓰기도 어렵다. 그래서 나도 결심했다. 나도 100권의 책을 써야지. 얘기할 거리만 있다면 매일 적어도 1,000단어는 쓰려고 노력할 것이다. 많은 위대한 작가들이 사람들이 인정할 만한 품질을 지키기 위해 양을 희생한다. 토머스 핀천Thomas Pynchon이나 제롬 데이비드 샐린저Jerome David Salinger 같은 작가들의 작품은 손에 꼽을 만큼 적다. 그러나 아시모프는 둘(양과 질) 다 잘 할 수 있다는 것을 보여준다. 나도 언젠가는 아시모프의 파운데이션 시리즈와 핀천의 『중력의 무지개』(Gravity's Rainbow, 새물결, 2012)를 합친 것 같은 작품을 쓸 것이다.

경이로움

그는 회고록에서 그동안 쓴 단편소설 중에서 '마지막 질문'(The Last Question)이 가장 마음에 든다고 썼다. 내가 그 소설을 읽었는지 기억이 나지 않았다. 나는 뉴욕시 그랜드 센트럴 기차역에 있는 서점에 가서 그의 단편 소설집을 샀다. 기차를 타고 가면서 그 책에 수록되어 있는 '마지막 질문'을 읽기 시작했다. 몇 줄 읽다 보니 최소한 30년 전에 읽었던 것이 떠올랐다. 그리고 그 이야기의 마지막 대사가 무엇이었는지도 생각났다.

맞다. 그것이 그의 최고의 이야기였다. 비록 오랫동안 제목을 잊고 있었지만 내가 가장 좋아하는 이야기 중 하나였다. 나는 지난 30년 동안 끊임없이 그 이야기를 떠올렸다. 정말 아름다운 이야기였으니까. 그 이야기를 다시 읽자 30년 전에 느꼈던 경이로움이 되살아났다.

다시 13살로 돌아간 것 같았다. 그러자 내가 지금 가지고 있는 모든 두터운 책임감이 씻긴 듯 사라졌다. 아이들, 청구서, 동료, 투자자들, 나 자신에 대한 책임, 그리고 내가 자신을 위해 세운 목표 때문에 청춘의 희망을 후회의 물거품으로 만들어버린 것, 그리고 내가 앞으로 직면하게 될 후회들. 그런 목표, 그런 희망이 무슨 의미가 있단 말인가? 그 모든 것들이 눈 깜짝할 사이에 마지막 대사, 그 마지막 질문 속으로 사라졌다.

여러 명이 함께 성장하다

내가 좋아하는 공상과학소설 작가 아이작 아시모프, 아서 C. 클라크Arthur C. Clarke, 로버트 하인라인Robert Heinlein(세 사람 중에서도 내가 가장 좋아하는 작가다)은 1940년대 공상과학 소설계의 '빅3'였다. 그들은 당대에도 최고 3인방이었지만, 아마도 역대 통틀어서도 최고 3인방 일 것이다. 그들은 서로에게 도전하고, 경쟁하면서도 수시로 만나며 수십 년 동안 우정을 쌓아온 친구였다.

마치 에드거 버로우스Edgar Rice Burroughs, 잭 케루악Jack Kerouac, 앨런 긴즈버그Allen Ginsberg가 문학의 유대감을 형성하며 '비트 세대' 작가로 불리게 된 것이 떠오른다. 과학, 예술, 문화, 문학 등 거의 모든 분야에서 이러한 그룹을 찾을 수 있다. 비록 지금은, 아니 앞으로 수십 년이 지나도 알 수 없겠지만 비교적 새로운 장르인 '블로거추어'blogature라는 장르에서도 같은 일이 일어날지 궁금하다. '블로그 사용자를 더 많이 얻기 위한 10가지 팁'이나 '오늘 5살짜리에게 일어난 일' 같은 글보다 블로그로 더 많은 일을 할 수 있을 것이다.

좋은 블로그 게시물은 다른 문학 장르와는 다른 특별한 특징이 있다:

- 첫 문장부터 사람을 사로잡아야 한다. 사람들이 블로그를 읽을 때는 아마도 그들의 브라우저에 이미 10개의 탭이 열

려있을 것이다. 첫 문장부터 그들의 눈길을 끌지 못하면 순식간에 떠난다.

- 스토리를 전달해야 한다. 단순한 목록은 좋지 않다. 당신이 어떻게 돈을 벌었는지 개인적인 쓰라린 경험을 이야기하지 않는다면 당신이 제시하는 '백만 달러를 버는 10가지 방법'은 아무도 믿지 않을 것이다.
- 문제를 해결해야 한다. 사람들이 처음 컴퓨터를 사용한 것은 문제를 해결하기 위해서였다. 따라서 블로그는 비록 대부분 이야기 형식으로 말한다 하더라도 어떤 개인적인 문제나 세계 문제에 대한 해결책을 제공해야 한다.
- 정직함. 블로그는 애초부터 개인적이고 정직한 장르다. 최고의 블로그는 화면 전체를 피로 물들인다. 좋은 이야기에는 항상 약자가 나오듯이 좋은 블로그에는 약탈자들이 표적으로 삼는 사람이 나온다.

겸손한 허영심

아시모프는 회고록에서 이렇게 말했다. 정확히 어디서 봤는지 기억나지 않지만 대충 이런 내용이다. "나는 현존하는 가장 뛰어난 사람이다. 그건 헛소리가 아니다. 나보다 더 똑똑한 사람을 찾을 수 있다 해도 그건 무의미한 일일 뿐이다!"

비록 그가 반농담조로 말했지만 우리는 그의 책을 통해 그가 체스를 끔찍이 싫어하고, 여자들과의 관계도 매끄럽지 않으며, 최고의 남편이나 아버지도 아니라는 것을 안다. 그는 자신의 모든 약점을 인정하면서도 단 한 가지 장점만은 고집스럽게 주장하고 있는데 바로 자신이 최고가 되고자 하는 모든 분야에서는 최고가 되었다는 것이다.

왜 그렇게 생각하지 않겠는가? 우리 모두는 경험을 통해 거짓 겸손이야말로 최악의 허영심이라는 것을 안다. 그의 허영심은 정직하며 충분히 자격이 있다. 그는 우리가 어떻게 생각하는지 신경 쓰지 않기 때문에 반농담조로 말한다.

주식 거래

맞다. 아이작 아시모프가 내 경제적인 생명을 구했다. 나는 내가 애써 노력했던 모든 것을 잃어가고 있었다. 나는 돈을 좀 벌어야 했다. 하지만 특별한 직업이 없었기 때문에 있는 것이라고는 시간 밖에 없었다. 그때 닷컴 붐이 일어났다. 그러나 그에 대해 나와 상의하고 함께 일하려는 사람은 아무도 없었다. 나는 한 때 닷컴 금융이라는 이제 막 떠오르는 분야에서 태양의 불꽃 같은 존재였지만 어느새 중앙 블랙홀로 흡수된 잊힌 존재가 되어 있었다.

그래서 아시모프의 『파운데이션』 시리즈를 다시 읽었다. 여기서 전제는 통계학(그는 그것을 역사 심리학이라고 불렀다)을 사용하면 이전의 모든 역사를 취합해 미래를 예측할 수 있다는 것이다. 그게 바로 내가 한 일이다. 나는 주식시장의 모든 과거 데이터를 소프트웨어에 입력하고 앞으로 무슨 일이 일어날 것인지 알기 위한 프로그램을 작성했다.

예를 들어 마이크로소프트가 5% 하락하기 전 90차례에 걸쳐 무슨 일이 일어났을까? 시장이 열리자마자 마이크로소프트의 주식을 샀다고 가정하면 90번 중 89번은 오전 10시 전에 2%가 올랐다. 좋아, 그럼 사야지. 그런 식으로 주식 거래를 하면서 이후 3년 동안 거의 매일 돈을 벌었다.

그 시기에 나는 비니언스 겜블링 홀 앤 호텔Binion's Gambling Hall and Hotel과 미시시피 강에 여러 개의 보트 카지노를 소유하고 있는 잭 비니언Jack Binion을 만나기 위해 라스베이거스에 간 적이 있다. 그때 그의 집에서 묶었는데 내가 라스베이거스에 가서 호텔에 묶지 않았던 처음이자 유일한 시간이었다. 그는 자신의 카지노를 30억 달러 또는 40억 달러에 매각하는 중이었고 나는 그에게 투자받기를 원했다. 그와의 만남에서 기억나는 것이 세 가지 있다. 결국 비니온이 내게 투자하지 않았다는 것 말고 말이다.

1. 라스베이거스는 5월에도 너무 더워서 새벽 4시나 5시에 일어나 야외 수영장에 갔다. 그리고 오후 늦게 내가 전에 가

본 적이 없는 사막으로 드라이브했다.

2. 잭은 이렇게 말했다. "좋아, 내가 자주 가는 레스토랑에 가서 먹읍시다." 잭 비니언은 억만장자였고 라스베이거스에 있는 모든 사람은 그를 알고 있었다. 우리는 그가 자주 가는 레스토랑에 갈 예정이었다. 나는 그날 저녁에 고급 음식, 값비싼 와인, 그리고 최고의 카지노에 있는 특급 비밀 레스토랑에 으레 있을 법한 고급 미녀들이 우리를 맞을 것이라고 생각했다. 우리는 차를 타고 곧장 그 곳으로 향했다. 그곳은 프랜차이즈 식당 치즈케이크 팩토리Cheesecake Factory였다. 그곳에 도착해서 그가 식당에 자신의 이름을 말하고서도 우리는 45분 동안 줄을 서서 기다렸다. 그는 멋지고 겸손한 사나이였다. 그 식당의 음식도 매우 좋았다.

3. 나는 그동안 내가 해 온 일에 대해 장황하게 설명했다. 내가 어떻게 주식을 거래해서 돈을 벌었는지. 그의 조카가 감탄하는 어조로 말했다. "내가 읽고 있는 책인 아이작 아시모프의 『파운데이션』 같군요." 나도 속으로는 "그래, 맞아!"라고 생각했다. 하지만 억만장자들이 억만장자인 이유는 주식 거래에 공상과학 소설의 전략을 들이대는 어린이에게는 돈을 투자하지 않기 때문이다.

아시모프는 이제 죽었다. 불행히도 그는 수혈을 받은 후 에이

즈에 감염돼 죽었다. 그리고 나의 조부모님도 돌아가셨다. 그들
은 더 이상 나를 경찰에 신고할 수 없다.(두 번이면 충분하다) 잭 비
니언은 카지노를 모두 팔아 수십억 달러를 벌었다. 내 친구 로버
트 레빈슨은 이제는 모터자전거는 타지 않고 고급 경주용 자동차
를 정비하는 고도의 전문적인 일을 하고 있다. 나도 더 이상 당일
치기 거래는 하지 않는다.

하지만 나는 여전히 어린 시절에 비록 짧은 순간이었지만 나
를 사로잡았던 그 경이로움을 다시 느끼고 싶다. 그 느낌을 다시
느끼고 싶다. 나는 마지막 질문에 대한 답을 영원히 추구하고 있
다. 지금도 알고 싶다.

9

최악의 인간성을 지닌 작가, 그러나 솔직했다.

찰스 부코스키는 역겹고, 그의 소설은 끔찍하다. 그는 여성 혐오자이며 지나치게 단순한 최악의 자기도취자로 불린다.(아마도 이런 평가들은 어느 정도 사실일 것이다) 그리고 '가장 위대한 미국 작가들'의 작품 모음집이 나올 때마다 그는 항상 포함되지 않는다. 그럼에도 그가 가장 위대한 미국 작가 중 한 명임을 부인할 수는 없을 것이다. 당신이 그의 작품을 읽었든 안 읽었든(대부분은 읽지 않았겠지만), 부코스키와 같은 예술가들에게서도 배울 만한 것이 여섯 가지 있다.

나는 부코스키의 『호밀빵 햄 샌드위치』(Ham on Rye, 열린책들, 2016)가 아마도 지금까지 나온 미국 소설 중 가장 훌륭한 소설이라고 생각한다. 이 소설은 부모에게 구타를 당하고, 피난을 다니던 어린 시절, 궁핍과 고난, 알코올 중독자의 삶, 작가로서 교육받기 시작한 초기 시절에 대한 자전적 소설이다.(『펄프』(Pulp)를 제외한 그의 모든 소설이 그렇듯이 그의 소설은 너무 끔찍해서 읽기가 어렵다.)

그가 영향력을 미치는 사람이라는 사실을 인정하는 것 자체가 어색할 지경이다. 많은 사람들이 그를 좋아하지 않아서 오히려 그보다 내가 더 비판 받을까 봐 두렵다.

정직

그가 처음으로 쓴 네 편의 소설은 자전적이다. 그는 그 작품들에서 어렸을 때 겪었던 고통(부모를 아주 나쁘게 묘사하지만 그는 개의치 않는다), 매춘부와의 경험, 직장 생활에 대한 무관심, 끔찍한 경험, 그가 사귀었던 여성들을 전혀 존중하지 않았던 것 등등을 상세히 묘사하고 있다. 그의 소설과 시는, 그가 싫어하는 사람들, 그가 경멸하는 작가들, 그가 전혀 관심을 갖지 않았던 기득권층에 대해 철저히 폭로한다.(그런데 그는 반기득권층들도 마찬가지로 싫어했다.)

그는 히피 운동의 주장에 대해서도 이런 말을 남겼다. "돼지를 대통령에 내보낸다고? 도대체 무슨 얼빠진 소리야? 그들은 그 돼지에 열광했지만 난 지루할 뿐이야."(월남전이 한창이던 1968년, 미국

민주당이 당시 부통령이었던 휴벗 험프리를 대통령 후보로 지명하려 하자 청년국제당원들이 차라리 돼지를 내세우자며 패가서스Pagasus라는 돼지를 몰고 민주당 전당대회에 쳐들어간 사건 – 역주)

소설 작가들은 대개 이야기를 지어낸다. 그들은 자신의 상상력에서 나오는 이야기를 한다. 그러나 부코스키는 그렇게 할 수 없었다. 그가 소설을 쓰려고 할 때마다 그의 상상력은 완전히 무뎌졌다.(그의 마지막 소설이 훌륭한 예다.) 그의 시조차 논픽션이다.

그가 쓴 이야기가 하나 있다.(제목은 잊어버렸다.) 그 이야기에서 그는 바에 앉아 혼자 있고 싶은데, 어떤 사내가 와서 그에게 말을 걸기 시작한다. 그 사내가 말한다. "어린 소녀들이 불에 타 죽었다니 끔찍하군." 부코스키가 대답한다.(기억나는 대로 쓰고 있으니 틀렸을지도 모른다.) "난 잘 모르겠소." 그러자 그 사내와 술집에 있는 다른 모든 사람들이 소리친다. "이 사람은 그 어린 소녀들이 불에 타 죽은 것이 무슨 상관이냐고 말하고 있소!"

그러나 부코스키는 정직했다. "그건 신문 헤드라인일 뿐이요. 만약 내 앞에서 실제로 그런 일이 일어났다면 아마 다르게 생각했을 거요." 그리고는 자기가 한 말을 취소하지 않고 문이 닫힐 때까지 그 술집에 머물렀다. 그의 정직함이 어디까지 발휘되는지 그 경계를 알 수 없다. 단 그는 자신의 딸이 어느 나이가 된 후로는 결코 자기 딸에 대해 글을 쓰지 않았다. 그게 내가 아는 유일한 경계선이다.

모든 다른 작가들은 가족, 배우자, 전처(전남편), 자녀, 직업, 상사, 동료, 친구 등에 대해서는 잘 쓰지 않는다. 그래서 그들은 이야기를 지어내나 보다. 그러나 부코스키는 그런 주변 얘기들을 거침없이 쏟아냈다. 그 덕택에 우리는 60년 넘게 한 인류학적 조사를 있는 그대로 숨김없이 정직하고 생생하게 진행되는 것을 볼 수 있게 되었다. 그 이전이나 그 이후로 어떤 작가도 그렇게 하지 않았다.

그는 『여자들』(Women, 열린책들, 2012)이라는 소설에서 그가 어느 정도 성공을 거둔 후에 그와 잠자리를 같이한 모든 여성들의 성적 뉘앙스를 상세히 묘사했는데, 이 여성들 대부분은 책이 나오자 놀라 까무러쳤다.

인내

부코스키는 젊은 시절(24세, 26세)에 두 편의 소설을 출간했지만 그가 쓴 소설은 거의 모두 출판사에서 거절당했다. 그래서 그는 10년 동안 글쓰기를 중단했다. 그러다가 1950년대 중반에 다시 글을 쓰기 시작했고, 할 수 있는 모든 곳에 수많은 시와 소설들을 제출했다. 다시 책이 출판되기까지는 몇 년이 더 걸렸고, 그가 정말로 주목을 받기까지는 훨씬 더 긴 시간이 걸렸다. 그가 작가로 생계를 꾸리기까지 15년이 걸렸다. 그동안 그는 거의 매일 글을 쓰면서 수천 편의 시와 이야기를 썼다. 그가 비로소 '돈이 되는' 첫 소설을 쓴 것은 49세 때였다. 그가 마침내 성공한 작가가 되기까지 25년 동안의 꾸준히 노력이 필요했다.

25 년이라니!

대부분의 사람들은 훨씬 더 일찍, 훨씬 더 젊은 나이에 포기한다. 내 할아버지와 아버지 모두 음악가가 되고 싶어 하셨다. 그러나 두 분 모두 20대와 30대에 꿈을 포기하고 안전하다고 생각되는 길(내 생각에는 그 안전한 길이 결국 두 분을 죽였다)을 택했다.

부코스키의 인내 속에는 세 번의 결혼, 수십 개의 직업, 끊임없는 알코올 중독의 세월이 들어 있다. 이 중 일부는 본인이 제작에 참여한 영화 '술고래'Barfly에 나와 있지만 부코스키에 관한 더 좋은 영화는, 이 직업 저 직업, 이 여자 저 여자를 전전하며 가혹한 세상에서 알코올 중독자로 살아남기 위해 노력했던 10년 세월을 상세히 기록한 책을 바탕으로 만든 인디 영화 '삶의 가장자리'[원작은 『팩토톰』(Factotum, 문학동네, 2007)이지만 영화는 '삶의 가장자리'로 번역되어 국내에 소개되었음. 국내 미개봉 ─ 역주]라고 생각한다.

그는 첫 소설을 19일 만에 썼다. 마이클 헤밍슨 Michael Hemmingson(그에 대해서는 아래에 썼다)은 내게 보낸 편지에서, 부코스키가 성공한 작가가 되지 못할까 봐 너무 두려워 필사적으로 빨리 썼으며, 그에게 소설 값을 미리 선불해 주었던 존 마틴John Martin을 실망시키고 싶지 않았던 것이라고 말했다.

살아남기

나는 '상습 알코올 중독자'라는 말이 노숙자와 같은 의미라고 생각한다. 부코스키는 알코올중독이 어느 정도 진행되자 살아남아야 한다는 것을 깨달았다. 아무리 자신의 삶이 실망스럽더라도 그냥 노숙자가 되어 죽을 수는 없었다. 그는 수없이 많은 공장에서 일했지만(논픽션 소설 『팩토톰』의 근거가 된 삶) 어느 직업도 안정적이지 못했다. 마침내 그는 미국 정부의 일자리를 얻어 11년 동안 우체국에서 일할 수 있게 되었다.(이보다 더 안정적일 수는 없다.) 그는 (아이의 어머니가 얼마나 못생겼는지에 대해 끊임없이 글을 썼지만), 아이 양육비를 거른 적이 없었다. 내가 아는 한, 30대 초반부터 작가로서 성공할 때까지 그가 노숙자나 완전 빈털터리 신세로 몰락한 적은 없었다. 비록 자신의 압도적 가난에 대한 글을 자주 썼지만 그는 아버지로부터 작은 유산도 물려받았고, 틈틈이 저축도 했으며, 적지만 꾸준히 급여를 받았다. 우체국에서의 직장 생활은 그의 첫 번째 소설 『우체국』(Post Office, 열린책들, 2012)에서 자세하게 설명되어 있다.(많은 사람들은 이 책이 그의 최고의 소설이라고 생각하지만 내 생각에는 『호밀빵 햄 샌드위치』와 『팩토톰』 그리고 아마도 『여자들』 다음인 3, 4위 정도 되는 것 같다.)

그는 또 영화 '술고래'의 제작에 참여하면서 겪게 된 세세한 경험을 소개한 소설 『할리우드』(Hollywood, 열린책들, 2019)를 발표했다. 모든 등장인물의 이름은 바뀌었지만(픽션임을 강조하기 위해) 각 등장인물이 누구인지 알면 이 소설이 완전 논픽션이라는 것을 알 수 있다. 그의 다른 모든 소설처럼 말이다.(역대 최악의 미국 소설이라 할 수 있는 『펄프』는 해당되지 않는다.)

훈련

우체국에서 혹독한 10시간 교대 근무를 마치고 집에 돌아와 아내나 여자 친구, 또는 동거하는 여자 친구이자 매춘부와 말다툼을 하고, 여섯 팩짜리 맥주를 서너 개 마신 다음 글을 쓴다고 상상해 보라. 그는 매일 그렇게 살았다. 대부분의 사람들이 소설을 쓰거나 그림을 그리거나 사업을 시작하기를 원하지만 실제로 편히 앉아서 그 일을 할 수 있다면 굳이 훈련할 필요가 없을 것이다. 부코스키에게 내가 도무지 알 수 없는 재능이 있었다면 그건 바로 그런 훈련 덕분일 것이다. 그는 10대 후반이나 20대 초반의 어린 나이를 거의 매일 도서관에서 보내며 위대한 작가들과 사랑에 빠졌다. 그 사랑은 그의 인생에서 거의 모든 것을 대신할 만큼 컸다. 그는 그들처럼 글을 써야 한다고 생각했다. 그러지 않으면 정말로 죽을 것 같았다. 그는 항상 '좋은 대사를 써야 한다.'고 말하곤 했다. 실제로 매일 시도했다. 그리고 호평을 받았던 악평을 받았던 추하다는 평을 받았던, 결국 자신이 쓴 모든 것을 출판했다.(사후에 출판된 것도 많지만)

나 역시 그런 훈련을 하려고 노력한다. 블로그 글을 올리지 않더라도, 일주일에 7일, 매일 아침 글을 쓴다. 적어도 1,000단어의 완성된 글을 올리기 위해 노력한다. 소설을 쓰고 싶었던 20대 때부터 이 일을 해왔다. 그때에는 아무리 짧은 글이라도 3,000단어는 썼다. 5년 동안 '그 짓'을 했다. 그것이 쌓여 책이 되었다.

부코스키의 '문학 지도'

부코스키는 몇몇 작가들에게 영감을 받았으며 더 많은 작가들에게 영감을 주었다. 나는 브코스키가 영감을 받은 작가들과 부코스키가 영감을 준 작가들을 모두 좋아한다. 그가 가장 영감을 받은 작가들은 아마도 프랑스 작가 루이페르디낭 셀린Louis-Ferdinand Céline, 노르웨이 작가 크누트 함순Knut Hamsun, 그리고 미국 작가 존 팬트John Fante 등 세 명일 것이다.

나는 셀린의 『밤 끝으로의 여행』(Journey to the End of the Night, 최측의농간, 2020)을 강력히 추천한다. 셀린은 부코스키의 원판(raw version)이라 할 수 있다. 셀린도 끊임없이 분노했고, 살아남으려고 노력했으며, 살아남기 위해 온갖 일을 했다. 부코스키에 대해 말하자면 그는 다른 많은 작가들과는 달리 화려한 이미지나 아름다운 일몰 같은 것에 대해서는 관심을 갖지 않았다. 그는 마치 당신에게 직접 말하는 것처럼 글을 썼다. 셀린의 문체도 그처럼 극단적이다. 그의 문장은 너무 노골적이면서도 영특해서 그가 '말하는' 방식은 마치 미친 사람이 가능한 한 많은 독을

뽑어내려는 것 같다. 그의 첫 번째 책은 아주 걸작이어서 나는 매일 아침 글 쓰기 전에 영감을 얻기 위해 그의 책을 자주 읽는다.

존 팬트는 『먼지에게 묻다』(Ask the Dust)를 썼는데, 이 소설은 부코스키의 출판사가 재출판할 때까지 완전히 잊혔을 정도로 인정받지 못했다. 팬트의 다른 책들도 마찬가지였다.(콜린 파렐 Colin Farrell과 셀마 헤이엑Salma Hayek이 나오는 영화 『먼지에 묻다』도 강추한다. 국내 미개봉. DVD 제목은 '세상의 먼지 속으로'로 번역되었음 – 역주). 부코스키는 팬트가 자신에게 얼마나 직접적으로 영향을 미쳤는지 인정하기를 두려워했다. 그는 한 단편에서 다음과 같이 썼다.

"나는 존 밴트가 내게 그렇게 큰 영향을 끼쳤다는 것을 인정하면 마치 나 자신의 일부가 복제품이라도 된 것처럼 내 작품에 손상을 줄 수 있다는 것을 깨달았다. 하지만 크게 걱정하지는 않았다. 목에 가시는 숨기는 게 좋을 때가 있으니까."(그가 '팬트'를 '밴트'라고 부른 것에 주목하라. 그게 부코스키가 소설을 쓰는 방식이다.)

또 하나 흥미로운 것은 마지막 대사다. 화려한 것도, 아름다운 묘사도 일체 없다. 그러나 그런 대사가 오히려 부코스키를 개성이 뚜렷한 최고 작가의 반열에 올려놓았다. 대부분의 책들처럼 화려한 묘사로 가득 찬 또 다른 지루한 이야기를 들려주기보다는, 그의 머릿속에서 실제로 일어나고 있는 일의 숨겨진 진실로

독자들을 안내하는 것이다.

부코스키가 영향을 준 작가들도 있다. 마이클 헤밍슨은 내가 강력히 추천하는 책『더러운 리얼리즘 작가 2인, 부코스키와 카버』(The Dirty Realism Duo: Bukowski and Carver)에서 부코스키에 대한 훌륭한 평론을 썼다. 레이먼드 카버Raymond Carver도 가난한 시절에 대한 현실주의적인 단순한 글 등 부코스키와 같은 장르의 자전적 작품을 쓰는 작가다.(카버의 경우는 좀 덜 분명하지만)

나는 또 데니스 존슨Denis Johnson의 단편『예수의 아들』(Jesus' Son), 그리고 최근작으로 헤밍슨의『호텔을 부숴라』(Crack Hotel),『여자의 위안』(The Comfort of Women),『캐시 애커와의 꿈의 데이트(강간)』(My Dream Date (Rape) with Kathy Acker) 같은 책들도 같은 범주로 분류한다. 나는 이 범주의 다른 작가들이 더 있는지 애타게 찾고 있다.

나는 데니슨 존슨이 세금을 내기 위해 어떻게 1만 달러를 마련했는지를 읽었다. 그는 그 동안 잊고 있던 몇 점의 글들을 모아『예수의 아들』이라는 제목을 붙여 출판사 사장인 조나단 갈라시Jonathan Galassi에게 보내면서 "이 책을 출판하고 대신 세금을 내 주게."라고 말했다. 그래서 나는 갈라시를 페이스북 친구로 추가하고, 데니스 존슨 부류의 작가 한 명을 소개시켜달라고 요청했지만, 아직도 답변을 기다리고 있다.

이런 작가들을 더 많이 찾을 수 있었으면 좋겠다.『버터플라이스토리』(Butterfly Stories)를 쓴 윌리엄 볼먼William Vollmann의 더 큰 소설은 내가 읽기에는 너무 어렵다.(그가 최근 다시 출간된 셀린의 『밤 끝으로의 여행』(Journey to the Night)의 속편을 썼기 때문에 이들 작가들을 같은 혈통으로 인정하는 경향이 있다.)

시

나는 시가 정말 싫다. 뉴요커지의 최신 시들을 읽으면 도무지 무슨 뜻인지 이해할 수가 없다. 내게는 모두 그저 횡설수설하는 것처럼 보인다. 그들은 너무 지적인 것 같다.

내가 읽은 시인 중에서 정말 좋아하는 사람은 부코스키, 레이몬드 카버 그리고 데니스 존슨 뿐이다. 그들은 시를 쓰면서 모든 단어를 효과적이고 강력하게 만드는 기술을 익혔다. 그들이 긴 작품을 쓰면서도 경쟁자들을 이길 수 있었던 것은 바로 시를 쓰는 훈련을 했기 때문이다. 그들을 보면 나도 시를 써보고 싶지만 '시'라는 단어 자체가 사이비 지식인처럼 들리기 때문에 나는 시를 쓰는 일에는 관심을 갖지 않으려고 한다.

부코스키: 알코올 중독자, 우체부, 여성 혐오자(유튜브에서 쉽게 찾을 수 있는 동영상이 있는데, 그 동영상에서 그는 거의 60세가 다 된 부코스키가 인터뷰를 하는 동안 화가 나서 아내를 걷어차 버린다), 반전, 반평화, 거의 모든 것에 반대하는 자, 모든 사람을 미워하고, 아마도

불안증 환자, 지나치게 정직하며, 매일 글을 쓰지 않으면 죽을 것 같은 사내. 그러나 그가 한 말 중에 내가 살면서 지키고 싶은 말이 있다.

"인생의 끝까지 불안한 삶(shotgun)을 산다 해도 진정으로 위대한 작가가 된다는 것은 얼마나 기쁜 일인가!"

10

호기심이 존재하는
나름의 이유가 있다

잘 알려진 텔레비전 쇼의 한 프로듀서가 내게 이렇게 말했다. "당신이 무슨 일을 하던 '잘 모른다'라는 말을 절대 하지 마라. 그렇게 말하면 다시는 당신에게 아무것도 묻지 않을 것이다." 그리고는 우리를 어두운 방으로 몰아넣고, 마이크가 올라가고, 카메라는 나를 가리키고, 그 프로듀서가 헤드폰을 통해 내게 "자… 갑니다!"라고 외치면, 우리 여섯 명은 세상에서 가장 어렵고 가장 불명확한 문제에 대해 논쟁한다.

"자, 경제가 다시 성장해서 살림살이가 나아질까요?"
나도 모른다. 어떤 사람들은 내게 이렇게 묻는다. "어떻게 하면 뉴스를 읽거나 보지 않아도 세상 돌아가는 것을 잘 알 수 있을까요?" 또 어떤 사람들은 질문하지 않고 이렇게 말하기도 한다. "그게 바로 이 사회가 잘못된 점입니다. 그런 사람이 어떻게 세상 돌아가는 것을 알 수 있겠습니까? 세상 사람들이 모두 그렇게 한다면, 우리는 암흑시대로 되돌아가겠지요."

우리는 '아는 척'하는 사람들에게서 정보를 받는 데 길들여져서 '모른다'는 것의 아름다움을 모르고 산다.

마리 퀴리Marie Curie는 어떤 바위가 빛을 발하는 이유를 알지 못했다. 그래서 그녀는 방사능을 발견했다. 라이트 형제는 하늘을 나는 법을 몰랐다. 그래서 그들은 자전거가 쓰러지지 않고 달리는 과학 원리(자전거는 흔들림이 허용된다)를 이용해 날개를 단 비행기를 만들었다. 앤디 워홀Andy Warhol은 어떤 그림을 그려야 동료 화가들보다 자신이 돋보일지 몰랐다. 그래서 그는 수프 깡통을 그렸다. 사람들은 아기가 언제 의식적으로 행동하고 언제 무의식적으로 행동하는지 모른다. 그래서 지난 20년 동안 뇌 과학은 엄청난 진화를 보였다. 아인슈타인은 땅에 서 있는 사람을 바라보며 빛의 속도로 여행하는 사람이 어떤 느낌일지 모르기에 연구했다.

사람이 무엇을 모른다는 것은 참 신비로운 일이다. 아인슈타인은 "우리가 할 수 있는 가장 아름다운 경험은 불가사의한 경험"

이라고 말했다. 그 '불가사의'가 그에게 시공간을 정의할 간단한 방정식을 깨닫게 해주었다.

팟캐스트에서 사람들을 인터뷰할 때, 나는 그들을 알지 못한다. 그래서 알고 싶다. 그들은 작가, 예술가, 기업가, 음악가, 우주비행사 등 다양한 배경을 가지고 있다. 나는 그들의 비밀에 접근하고 싶다. 그들을 덮고 있는 겹겹의 층을 벗겨내고, 그들의 마음을 조금이라도 파악해 제대로 알고 싶다. 그들이 의식과 무의식 사이의 방 자물쇠를 딸깍 열고 그 방으로 들어선 순간은 과연 언제였을까?

언제나 내게 감춰져 있는 것처럼 보이는 그 방을 나는 계속 찾고 있다. 나는 관계를 맺는 일에 관한 한 무지렁이다. 그래서 늘 불안하다. 나도 모르는 것이 편해지는 법을 배워야 한다. 사람을 덮고 있는 껍질은 끝이 없다. 껍질 벗기는 것을 언제 멈출 것인지는 우리 각자의 몫이다. 우리는 사람의 마음 한 가운데에 무엇이 들어 있는지 결코 알 수 없다. 우리는 서로를 모르는 채 함께 어울리며 살아가고 있다. 모르는 것이 차라리 편하다.

나는 매사를 아는 것처럼 보이는 사람들이 부럽다. 그들은 걷는 모습도 자신감 있어 보이고, 늘 미소를 지으며 자신의 의견을 확신한다. 그들은 태어날 때부터 죽을 때까지 자신과 함께해 온 의견에 아늑하게 싸여 편안히 죽을 것이다.

매일 새롭게 하는 질문이 있다. "내가 살아있는 이유를 정당화하기 위해 무슨 일을 할 수 있을까?" 역시 매일 새로운 답을 탐구한다. "이게 답일까?"

아인슈타인은 말했다. "호기심이 존재하는 나름의 이유가 있다."

난 모르겠다. 정말 아무것도 모른다.

11

래리 페이지,
미래를 선점하는 방법

구글의 고위 간부로 일하는 친구를 만나고 나서야 구글이 연구하고 있는 몇 가지 일들을 알게 되었다. 그들의 연구 과제 중에는 구글의 대표 사업인 검색과 관련된 것이 하나도 없었다. 모든 것이 암 치료(몸 안의 모든 암세포를 특수 팔찌 쪽으로 움직이게 하는 기술), 모든 것의 자동화(자동차는 그런 연구 중 하나에 불과했다), 글로벌 무선 인터넷망(Wi-Fi) 구축 프로젝트(룬 프로젝트, Project Loon), 그 외 '10억 명의 문제'를 해결하는 기술 등에 관한 것들이었다. 그들은 구글이 행하고 있는 연구 과제가 10억 명의 문제를 해결할 수 없는 것이라면 가치가 없다고 여기는 것 같았다.

알파벳(구글 모회사)은 이제 이런 전략으로 회사의 방향을 조율하고 있는 듯하다. 그 방향이란 바로 수십억 인류의 문제를 해결할 수 있는 회사를 소유하고 투자하는 지주회사가 되는 것. 이 회사의 조직은 돈을 버는 사업 단위로 구성되어 있지 않고 미션별로 구성되어 있다. 지난 10년 동안의 래리 페이지Larry Page(구글 설립자)의 어록을 분석해 보면 과연 개인의 성공과 더불어 '십억 명의 성공'을 이루기 위한 가이드북이라 할만하다. 그의 어록을 정리해 본다.

"당신이 세상을 바꾸고 있다면 당신은 중요한 일을 하는 것이다. 당신은 분명 아침부터 상기된 상태로 일어날 것이다."

진정한 인생의 행복을 누리려면 세 가지가 필요하다.

1. 자신의 능력이 성장하고 있다는 느낌을 받는 것.
2. 주위 사람들과 좋은 정서적 관계를 쌓는 것.
3. 선택의 자유를 갖는 것.

늘 상기된 상태로 아침에 일어날 수 있다는 것이야말로 행복의 증거다. 매일 10억 명의 사람들의 문제를 해결하기 위한 연구를 하고 있다면 당연히 이 행복의 세 가지 측면을 모두 누릴 수 있을 것이다. 나도 잠에서 깨어나면 반드시 이런 질문을 한다.

'오늘 나는 누구를 도울 수 있을까?'

특히 기술 분야에서는 점진적인 변화보다는 혁명적인 변화가 필요하다.

우리는 너무 자주 '이 정도면 충분해'라는 생각에서 멈춘다. 당신이 가족을 부양하고 은퇴를 대비할 수 있는 사업을 하고 있다면 그 정도로 '충분'할 수 있다.

1965년 이후로 비행기가 왜 더 느려졌는지 궁금해 본 적이 있는가? 2011년에 출시한 보잉의 드림라이너Dreamliner 787은 사실 1970년에 취항을 시작한 747보다 느리다. 뭐, 괜찮다. 그래도 전 세계 사람들을 끌어 모으고 연료를 절약할 수 있으니 '충분'히 괜찮다. 그러나 우리가 그렇게 익숙해진 '충분히 괜찮다고 생각하는 증후군'을 배격하는 극소수의 사람들이 있다. 바로 우주선을 만들고 있는 일론 머스크나 모든 지식을 색인화하는 래리 페이지 같은 사람들이다.

아이작 아시모프도 『파운데이션』 시리즈 같은 고전 공상과학 소설을 썼지만, 그에게는 그것만으로 '충분'하지 않았다. 그는 결국 500권의 책을 더 썼다. 래리 페이지는 매일 아침 "오늘도 '그 정도면 충분한' 상태를 초월할 것"이라고 생각하며 일어난다. 당신의 '충분히 좋은' 날은 어떤 모습인가? 당신으로 하여금 그 생각을 초월하게 만드는 것은 무엇일까?

"이 회사의 리더로서 내가 해야 할 일은 회사의 모든 사람이 좋은 기회를 갖게 해주는 것이며, 그들이 이 세상에 의미 있는 영향을 미치고 사회의 이익에 기여하고 있다고 느끼게 하는 것이다."

기업을 경영하고 리더가 될 기회를 마주할 때마다 내가 성공을 판단하는 기준은 단 한 가지였다. 바로 직원들이 저녁에 퇴근하면 부모님께 전화를 걸어 "어머니 아버지, 오늘 제가 무슨 일을 했는지 아세요?" 하고 자랑하도록 만드는 것이었다. 이게 항상 효과가 있었는지는 모르겠지만 어쨌든 래리 페이지는 모든 직원이 스스로 더 발전하고, 자신을 능가해 세상을 변화시키도록 사기를 북돋우고 있다고 생각한다. 모든 직원이 "오늘 내가 누구를 도왔는가?"라는 질문에 답할 수 있다면 그 기업의 리더야말로 진정 좋은 리더 아니겠는가. 다른 사람들을 격려하면 당신도 힘이 솟는다.

"많은 기업이 시간이 지나면서 실패한다. 그들은 근본적으로 무엇을 잘못했을까? 그들은 대개 미래를 놓치고 있다."

최근 미국의 주식 시장을 보면 다우존스 지수(뉴욕증시에 상장된 우량기업 30개 회사만을 대상으로 산출하는 주가지수. 1884년에 월스트리트저널의 편집장 찰스 다우Charles H.Dow가 고안했다 – 역주)의 원년 멤버 회사들은 모두 문을 닫았다.(GE를 제외하고)

현재의 '실용적'인 일이 미래에 '가능한' 일을 가로 막게 해서는 안 된다. 지금 당장 할 수 있는 일에 집중하는 것이 '실용적'이기는 하다. 하지만 당신의 인생에서 미래에 가능한 것을 생각하고 그 방향으로 조금이라도 움직일 시간을 가져야 한다.

우리는 지금 존재하지 않는 것들을 구축하는 데 집중해야 한다. 미래에 '가능한 것'이 정말 이뤄질 '가능성'은 1%밖에 되지 않을지 모른다. 변화는 더 빨라지고 있지만 우리는 여전히 스스로 가진 기회에 비해 느리게 움직이고 있다. 만약 당신이 대중적으로 익숙한 영역을 벗어나 사회의 일반적인 규칙을 깨려고 한다면 사람들은 당신을 무너뜨리려 할 것이다. 래리 페이지는 자신의 생애가 구글만으로 판단되기를 원하지 않는다. 그는 아직 하지 않은 일로 판단되기를 바란다. 그것은 어쩌면 그 자신도 두려워하는 일일지도 모른다.

"대기업의 리더들은 변화가 가능하지 않다고 생각하는 것 같다. 그러나 역사를 보면 모든 것이 변했다. 회사가 변화하지 않고 정체에 빠지면 문제가 생기기 쉽다."

래리 페이지가 최종적으로 받은 특허의 기원이 된 원래 특허를 가진 회사가 어디인지, 그러니까 구글 탄생의 기원이 된 회사가 어디인지 아는가. 조금 더 생각해 보고 답을 맞혀보라. 그 회사의 한 직원은 회사에 기술 특허를 내고 이를 사용해 웹상의 정보를 분류해야 한다고 제안했다. 그러나 회사는 그 제안을 거절했다. 그래서 월스트리트저널(WSJ)의 직원이었던 로빈 리는 중국으로 가 바이두(百度)를 창업했다. 그러자 래리 페이지가 그 특허를 수정해 자신의 이름으로 특허를 출원하고, 구글을 창업했다. 오늘날 월스트리트저널은 언론 재벌 루퍼트 머독Rupert Murdoch에게 넘어가 서서히 죽어가고 있다.

"기술자로서 우리는 새로운 것을 시도하고 그것이 사회에 미치는 영향을 알아낼 수 있는 안전한 장소를 가져야 한다고 생각한다."

다행히도 우리는 실험하기 쉬운 세상에 살고 있다. 30페이지 분량의 소설을 만들어 돈 들이지 않고 아마존에서 가명을 사용해 출판하면 사람들이 좋아하는지 시험해 볼 수 있다.

'헉, 내가 마침내 해냈군. 꽤 재미있는걸.'

맥 레달Mac Lethal은 자신의 유튜브 동영상으로 1억 뷰를 돌파한 래퍼다. CNN에서 '엘렌 쇼'를 운영하는 엘런 드제너리스Ellen Degeneres도 자신의 쇼에 맥을 출연시켜 그의 기술을 소개했다. 나는 맥에게 그가 올린 동영상 하나가 다른 동영상보다 조회수가 적으면 긴장되느냐고 물었다. 그러자 맥은 나에게 소중한 충고를 해주었다. "당신의 나쁜 점은 아무도 기억하지 못합니다. 그들은 당신의 좋은 점만 기억한답니다." 나도 그렇게 생각하며 살아간다.

"우리가 돈 때문에 회사를 만들었다면 진작 회사를 팔고 바다로 놀러 다녔을 것이다."

래리 페이지와 세르게이 브린Sergey Brin은 학자가 되고 싶어 했다. 그래서 그들은 특허를 내고 구글을 만든 다음 야후Yahoo! 에 100만 달러에 팔려고 했다.

'100만 달러.'

야후가 그들을 비웃으며 박대하자 그들은 다시 뉴스그룹 익사이트Excite에 75만 달러에 팔려고 했다. 익사이트도 그들을 비웃으며 문밖으로 내쫓았다. 지금은 구글의 전 직원이 야후의 CEO가 되었다! 익사이트의 설립자는 구글에서 일한다. 이제 구글이 지배하는 세상이 되었다.

돈은 다른 사람을 도우려다 생기는 부산물이다. 문제를 해결하려고 노력하고, '이 정도면 충분해'를 넘어서려고 노력하면 저절로 생기는 것이다. 그래서 "어떻게 하면 방문자 수를 늘리지?" 라는 질문은 잘못된 것이다. "오늘 나는 어떻게 사람들을 도왔는가?"라고 매일 묻다 보면 생각보다 훨씬 더 많은 돈과 방문자 수를 얻게 될 것이다.

"발명만으로는 부족하다. 니콜라 테슬라Nichola Tesla는 우리가 사용하는 전기를 발명했지만, 그것을 사람들에게 전달하는 데에는 애를 먹었다. 따라서 발명과 혁신에 초점을 맞출 뿐 아니라 그것을 상품화해서 사람들에게 전달할 수 있는 회사까지 두 가지를 결합해야 한다."

사람들은 토마스 에디슨이 전구를 발명하기 위해 만 번 실패했다는 상징적인 이야기를 자주 인용한다. 하지만 나는 그 말을 잘 인용하지 않는다. 그건 다른 과학자들도 마찬가지이기 때문이다. 분명 그는 전구가 작동할 때까지 수없이 실험했다. 하지만 그의 진짜 훌륭한 점은 전구를 발명하고 몇 주 후에 뉴욕시를 설득해 그가 발명한 전구로 시내를 밝히도록 한 것이다. 사상 처음으로 한 도시가 밤에 전기로 환하게 밝혀진 것이다. 그것이 혁신이다. 그렇게 해서 온 세상에 불이 밝혀졌다.

"자동차를 자동화하고 사람들의 생명을 구하는 일을 하는 데 어떤 기술이 필요한지 특정 교육에서 가르쳐주지는 않는다. 나도 1995년에 박사과정을 밟을 때 자동차 자동화 연구에 관심이 있었지만 대학원에서는 그 기술을 가르쳐 주지 않았다."

우리는 학위나 직위를 너무 자주 내세운다. 래리 페이지와 일론 머스크는 대학에서 컴퓨터 과학을 전공했다. 그리고 지금 그들은 자동차와 우주선을 만들면서 전공과 관련이 있는 일을 하고 있다. 데이비드 장David Chang(뉴욕의 유명한 한국계 미국인 셰프 – 역주)은 어렸을 때 유망한 골프 선수였지만 대학에서 종교학을 전공한 뒤 20대 때에는 닥치는 대로 배달 일을 했다. 배달 일의 수요가 주로 식당에 몰려 있었기 때문에 그는 식당이 어떻게 운영되는지 자연스레 익히게 되었다. 그리고 마침내 뉴욕시에서 아마도 가장 인기 있는 레스토랑일 모모푸쿠Momofuku를 열었다. 그는 이제 십여 개의 레스토랑을 운영하는 역사상 가장 성공한 식당 경영자 중 한 명이다.

피터 틸은 뉴욕 최고의 로펌에서 변호사로 일했다. 그런 그가 페이팔을 창업하기 위해 회사를 그만둔다고 하자 많은 동료들이 "자네답지 않게 도피하다니 믿을 수 없군."이라고 말했다고 한다. 우리에 대한 다른 사람들의 선입견과 타이틀, 기대에서 벗어나는 것은 스스로 원하는 성공을 이루기 위해 선택해야 하는 첫 번째 단계다. 우리의 삶은 오직 우리의 상상력과 스스로 직접 창조한 것들로 정의되어야 한다.

"청정에너지를 생산하거나 교통을 개선하거나 인터넷이 더 잘 되도록 하는 등 인류에 도움이 되는 일을 하느냐가 정말 중요하다. 그런 일을 하는 소수의 사람들이 세상에 정말 큰 영향을 미칠 수 있다."
내가 래리 페이지의 이 말을 좋아하는 이유는 그가 큰 문제들을 소수의 사람들과 결합시켰기 때문이다. 소수의 사람들이 구글을 만들었다. 프록터앤갬블Procter & Gamble이나 AT&T같은 거대 기업이 구글을 만든 게 아니다. 스티브 잡스가 애플에서 매킨토시를 만들려고 했을 때에도 그는 소수 정예 그룹을 별개의 건물로 옮겼다. 당시 애플이 물들어가고 있던 관료주의에 빠지지 않기 위해서였다. 그러나 애플은 잡스가 기업 메시지와는 거리가 멀다는 이유로 그를 해고했다.

몇 년 후, 애플이 실패했을 때 그들은 잡스를 다시 데려왔다. 애플로 돌아온 잡스는 무슨 일을 했을까? 그는 대부분의 제품을 없애버리고 사람들을 작은 그룹으로 묶어 큰 문제를 해결했다. 그는 죽기 전까지 영화 산업, 컴퓨터 산업, 음악 산업, TV, 심지어 시계 산업(애플 워치 출시 이후 시계 판매량은 급감했다)까지 혁신시켰다. 이 모든 것이 한 학기 만에 대학을 중퇴한 한 남자에게서 나온 것이다. 애플의 역사를 공부하는 것은 큰 아이디어를 만들어 내는 방법에 대한 역사의 축소판을 공부하는 것과 같다. 래리 페이지는 구글에서 새로운 기업 구조를 도입해 이것을 재현했다.

"우리 회사의 관리자 수가 필요한 만큼 많지는 않지만 너무 많기보다는 너무 적은 게 낫다."

20세기는 중산층 조합주의(corporatism, 자본주의 사회에서 주요 이익집단들이 정부와 밀접한 관계를 맺고 국가 운영에 영향을 미치는 체제)의 시대였다. 조합주의에는 '피터의 원리'Peter's Principle라는 이름까지 붙었는데 개인보다는 위계조직의 메커니즘에서 무능력이 발생한다는 것이다. 지금 사회가 안고 있는 문제 중 하나는 경영의 중간층 전체가 강등되고, 아웃소싱 되며, 기술로 대체되고, 심지어 해고되고 있다는 것이다. 이것은 나쁘다거나 좋다고 말할 문제는 아니다.(무서운 일이긴 하지만) 다만 이것은 일을 행하는 방식이 되었다. 이제 생각을 머리에서 행동으로 옮겨갈 때 중간에 막히는 것이 거의 없다. 회사에서 성공한 직원이 되려면 당신의 관심을 회사의 관심에 맞추어야 하고, 고객들에게 더 도움이 되는 아이디어를 생각해내야 하며, 효과가 있든 없든 그런 아이디어에 따라 행동할 수 있는 권한을 가져야 한다. 그것이 구글 검색엔진 내부의 코드 대부분을 만든 직원인 크레이그 실버스타인 Craig Silverstein이 지금 억만장자가 된 이유다.

"경제학자에게 경제성장을 견인한 것이 무엇이냐고 물으면 농업의 기계화, 대량 생산 같은 중요한 부문의 발전이었다고 말할 것이다. 문제는 우리 사회가 더 이상 그런 일을 중심으로 구성되어 있지 않다는 것이다."

구글은 이제 무인 자율자동차, 배달용 드론, 그 외 자동화 방법에서 눈부신 발전을 하고 있다. 모든 사람이 자동화가 일자리를 빼앗아 갈 것이라고 걱정한다. 하지만 역사를 보면, 자동차가 말산업을 파괴하지는 않았다. 단지 모두 적응했을 뿐이다. TV가 책을 대체하지 않았다. 모든 것이 조정되었다. VCR이 영화 산업을 끝장내지 않은 것처럼. 인터넷은 직접 대면하는 의사 소통을 대체하지 않았다.(글쎄, 아직 확실하지는 않지만)

"세상을 어떻게 변화시킬지를 한 마디로 말한다면? 언제나 불편할 정도로 신나는 일을 열심히 하라!"

모든 사람이 운전자 없는 자율주행차를 만든다거나 깨끗한 에너지를 발명한다거나 10억 명의 문제를 해결한다거나 하는 거창한 일을 원하는 것은 아니다. 물론 나에게도 불편할 정도로 흥미진진한 일들의 목록이 있다. 나는 사람들을 돕기 위해 생각해낸 아이디어에 기초해서 다른 사업을 시작하는 것이 즐겁다.

매일 나는 약간은 두려운 마음으로 잠에서 깨어나지만 그런 방향으로 조금 더 가까이 다가가려고 노력한다. 그러면서 비로소 그것이 내가 배우고 성장하는 방법이라는 사실을 깨달았다. 때로는 그렇게 앞으로 나갈 때도 있고 그러지 못할 때도 있다. 불편해지는 데 좀 더 익숙해지고 싶다.

"나는 우리가 하는 일에 중요한 예술적 요소가 있다고 생각한다. 기술 기업에 종사하는 일원으로서 나는 그 점을 정말 강조하려고 노력했다."

예술의 정의가 무엇인지 아무도 모른다. 오직 상상력에만 존재하는 것, 그리고 다시 현실 세계로 이끌어내는 것, 또는 오락, 깨달음, 더 나아짐이 뒤섞여 있는 것이라고나 할까. 나도 예술이 어떤 것인지 전혀 모른다. 하지만 아이패드iPad는 확실히 예술 작품이다. 아이패드는 또 다른 예술 작품을 만들어낸다. 또 운전자가 없는 차를 처음 보았을 때 '정말 아름답구나'라고 생각했다.

"모두가 노예처럼 일해야 한다는 것, 그렇게 비효율적으로 일해야만 직장을 잃지 않고 계속 다닐 수 있다는 생각은 도저히 이해할 수 없다. 그것이 정답일 리가 없다."

우리는 '일하는 삶'이 '정상적인 삶'이라는 최면에 걸려 있다. 당신이 기로에 서 있을 때, 당신의 마음이 어느 한 길을 사랑하고 다른 길을 사랑하지 않을 때, 어느 길이 더 돈이 되는지는 상관하지 말고 당신이 좋아하는 길을 택하라.

"우리는 모든 사람이 즐겨 사용하는 기술을 만들고 싶다. 그것은 모든 사람에게 영향을 미친다. 우리는 사람들이 칫솔처럼 하루에 두 번 사용할 정도로 매우 유용하고 아름답고 직관적인 서비스와 기술을 창조하고 싶다. 하루에 두 번 사용하는 것 정도는 그리 많지 않다."

그날 할 일의 목록을 만드는 것은 정말 좋은 생각이다! 사람들이 하루에 두 번 사용할 수 있는 10가지 발명품은 무엇일까?

"사물을 발명하는 데 그치지 말고 그것을 사람들에게 전달해야 한다. 따라서 그 발명품들을 상품화할 필요가 있다. 그 일을 하기 위해 우리가 생각해낸 최선의 방법은 기업을 통해서 하는 것이다."

나는 나빈 자인Naven Jain과 이야기를 나눌 기회가 있었다. 그는 초기 검색엔진인 인포스페이스InfoSpace를 설립해 수십억 달러를 벌어들였다. 그는 또 달에서 희토류 광물을 채굴하는 회사를 설립했다. 하지만 그의 진짜 목표는 태양계 밖 행성을 식민지로 삼는 것이다. 우리는 그 일을 하기 위해 왜 군이 회사를 차려야 하느냐는 문제로 설전을 벌였다. 그는 억만장자다. 회사를 차리지 않아도 식민지로 곧장 갈 수 있다. 그러나 그는 이렇게 말했다. "모든 아이디어는 지속 가능해야 한다. 수익을 낼 수 있다는 것은 그 아이디어가 지속 가능하다는 증거다."

"구글을 사용하는 것이 대단하다고 생각할지 모르지만, 나는 여전히 그것이 끔찍하다고 생각한다."

안데르스 에릭슨Anders Ericsson은 '1만 시간의 법칙'으로 유명하다. ('1만 시간의 법칙'은 나중에 말콤 글래드웰Malcolm Gladwell에 의해 대중화되었다.) 1만 시간의 규칙이란, 1만 시간 동안 목적을 가지고 연습한다면 세계 최고 수준이 될 수 있다는 것이다. 그런데 그는 왜 타이피스트들이 특정한 속도까지 도달한 다음에는 아무리 많이 연습해도 더 나아지지 않는지 의아해 했다. 연구 끝에 그는 타이피스트들이 '목적을 가지고'라는 부분을 생각하지 않았기 때문임을 밝혀냈다. 그들은 '이 정도면 충분하다'는 생각에 만족했다. 자신을 측정하고, 자신과 경쟁하고, 마지막 언덕을 넘어서려면 끊임없이 새로운 지표를 내놓아야 한다. 구글은 위대한 회사다. 하지만 더 좋아질 수 있다. 이런 마음가짐을 지니면 언제나 안일한 상태에서 벗어날 수 있다. 타이피스트들이 타이핑 기술에 대한 태도를 바꾸자 그들은 계속해서 더 빨라졌다.

"우리는 악마가 되지 말자는 말을 주문처럼 되새긴다. 그것은 사용자, 고객, 모두를 위해 우리가 아는 최선의 일을 하자는 것이다. 우리가 그런 회사로 알려지면 정말 멋질 거라고 생각한다."
구글이 과연 이것을 이루었느냐에 대해서는 의견이 분분하다. 그러나 그것이 중요한 게 아니다. 요점은 돈보다 가치관이다. 회사는 어떤 문제를 해결하겠다는 목표를 가진 사람들의 집단이다. 여기서 가치관이란 예를 들면 이런 것이다. "우리는 어떤 문제를 해결하기를 원하며, 고객이 행복하기를 원하며, 우리 직원들의 삶이 나아지기를 원한다."

회사가 가치관을 잃으면 돈도 잃게 마련이다. 가족 경영 회사가 3대를 이어가기 어려운 이유다. 창업자의 가치가 후대에 가서 희석되면서 회사가 망하는 것이다. 이에 대해 딕 옌링(Dick Yuengling, 미국에서 가장 오래된 양조장 D.G. Yuengling & Son의 5대째 CEO)과 이야기를 나눈 적이 있다. 그의 가족은 그 문제를 해결할 재미있는 방법을 찾았다. 바로 회사를 물려주지 않는 것이다. 각 세대는 아버지 세대에게 회사를 돈 주고 사야 한다. 그러기 위해서 각 세대는 자신만의 가치, 즉 그 브랜드가 잊히지 않고 지속적으로 유지되도록 새로운 기업 운영 방식을 개발할 수밖에 없다.

"나는 종종 꿈을 크게 갖는 편이 발전하기가 더 쉽다고 생각한다. 그렇게 큰 꿈을 가질 정도로 미친 사람은 그리 많지 않기 때문에 경쟁자도 적다. 사실 그런 사람은 매우 적어서 이름만 대도 다 알 정도다."

우리 부모님은 항상 우리에게 큰 관심을 갖고 좋은 어른이 되는 법을 가르쳐 주시곤 했다. 우리 학교도 마찬가지였다. 우리의 친구들, 동료들, 우리의 상사들, 때로는 정부도 우리에게 큰 관심을 가지고 있다고 생각한다. 하지만 이 모든 사람이 당신이 미쳤다고 생각할 때에야 비로소 모든 이를 놀라게 하고 당신만의 족적을 세상에 남길 만한 것을 창조할 수 있다. 당신이 편안하고 익숙한 영역을 벗어나면 당신의 경쟁자는 당신처럼 미친 소수의 사람들밖에 없다.

"한밤중에 생생한 꿈을 꾸다가 깨어나는 게 어떤 건지 아는가? 이때 침대 옆에 펜과 패드가 없으면 다음날 아침에는 완전히 기억에서 사라진다는 점도 알고 있을 것이다. 가끔은 한참 꿈을 꾸다가 잠에서 깨어나는 것이 중요하다. 정말 대단한 꿈이 나타나면 그걸 잡아야 하니까 말이다."

나에겐 아침이면 기억날 줄 알고 한밤중에 기록해 놓지 않고 버려둔 글들이 많았다. 내 머리를 쳐봐도 전혀 기억나지 않았다. 꼭 어디에든 메모해 두어야 한다.

"나는 항상 기술은 새로운 것을 발견하고 조직과 의사소통에서 어려운 일을 해결하는 데 쓰여야 한다고 생각해 왔다! 그래서 사용자들이 성가신 컴퓨터 때문에 속 썩는 일 없이 행복하게 사랑하며 살도록 말이다. 그렇게 하려면 우리 제품들이 서로 원활하게 작동할 수 있어야 한다."

구글에 접속하기 위해 당신의 뇌에 다른 사고방식이 이식되었다면, 그것이 우리 자신을 인식하는 방식에 어떤 영향을 미칠 것인가? 책이 발명되면서 인간의 기억력은 크게 손상되었다. 우리는 더 이상 많은 것을 기억할 필요가 없어졌다. 이제 모든 것을 책에서 찾아보면 되기 때문이다. 그것이 우리의 뇌를 덜 인간적으로 만들었을까?

나는 구글이 생기면서 인간의 기억력이 더 나빠졌을 것이라고 확신한다. 그러나 그것이 우리의 의식도 더 나빠졌다는 것을 의미하는가?

인류가 처음 불을 발견하면서 음식물을 소화시키는 인간의 능력은 상당 부분 불에 의존하게 되었다. 이것이 우리의 위를 덜 인간적으로 만들었을까?

기술이 우리의 뇌와 신체의 기본적인 일을 도와주면서 우리는 이전에는 꿈꿀 수 없었던 것들을 성취할 수 있게 되었다. 기술 덕분에 우리는 새로운 것을 배우고 탐험할 수 있게 되었으며, 현재 상태에 머물지 않고 새로운 것을 창조할 수 있게 되었다. 우리는 기술 덕분에 우리가 마땅히 받아야 할 행복, 자유, 건강을 찾을 수 있게 되었다.

"우리가 새롭게 더 많이 사용하게 된 제품들은 시간이 지나면서 구글뿐만 아니라 구글과 함께 일하는 협력업체에도 상당한 새로운 수익원을 창출할 것이다. 오늘날 검색이 그런 것처럼 말이다."

바로 이것이 래리 페이지가 구글에서 알파벳으로 방향을 바꾼 이유다. 이제 시간이 지나면 차츰 개선될 문제를 해결하느라 생산적인 에너지를 낭비하지 마라. 더욱 더 어려운 문제를 해결하는 데 최고의 에너지를 집중하라. 구글이 '10억의 인구를 어떻게 도울 수 있을까'라는 가치를 항상 지킨다면 (매출 전부를 아마존에 아웃소싱한 뒤 폐업한)서점 체인 보더즈Boeders처럼 되지는 않을 것이다.

이것을 어떻게 개인에게 적용할 수 있느냐고?

남의 회사에서 기계 톱니바퀴의 톱니가 되기보다는 더 큰 풍요를 창출할 수 있는 자동화 방법을 생각하라. 다른 사람들을 도울 수 있는 여러 가지 방법을 생각하는 것이 궁극적으로 세상에 가장 큰 영향을 미치는 방법이라는 것을 항상 잊지 마라. 그 영향력이 건강, 우정, 역량, 풍요, 자유를 창출할 것이다.

만약 내가 매일 아침에 눈을 뜨면서 래리 페이지의 이런 말들을 떠올릴 수 있다면 나는 더 나은 삶을 살 수 있을 것이다. 그가 알파벳을 만들고 구글을 그 밑에 둔 이유는 바로 이것이다. 세상을 구하고, 그리고 날 구하기 위해서다.

12

인생의 중요한 결정을 위한
두 가지 기준

나는 제일 큰 거래처를 잃을까 봐 두려웠다. 내 직업까지도. 그래서 나는 상대방이 내게 소리를 질러도 내버려 두었다. 그것도 반복적으로. 내 친구 한 명이 이렇게 말했다.

"우리 할머니께서는 결정에는 두려움 때문에 내린 결정과 성장하기 위해 내린 결정 두 가지밖에 없다고 하셨지."

예를 들어 당신이 한 직장에 근무하고 있는 경우, 다른 직장을 구하지 못할까 두려워 그 회사에 남아 있는 것인가? 아니면 그곳의 성장 잠재력이 좋아서 계속 근무하는 것인가? 다른 사람을 만

나지 못할까 두려워 현재의 만남을 유지하고 있는가? 아니면 그 사람에게 진심으로 감사하기 때문에 계속 사귀는 것인가?

내 인생의 모든 주요 결정들을 살펴보았다. HBO에 들어가기 위해 뉴욕으로 이사한 것, HBO를 그만두고 창업한 것, 결혼하고 아이를 낳고, 또. 이혼한 것, 집과 돈을 몽땅 잃고 나서 뉴욕으로부터 80마일(130km) 떨어진 곳으로 옮긴 것, 회사가 한창 피기도 전에 매각하려 한 것, 집을 떠나면 무슨 일이 생길까 불안해서 출장도 가지 않는 것, 제임스 알투처 쇼를 시작한 것, 기타 등등.

내 친구 할머니 말이 맞았다! 내가 내린 대부분의 결정은 두려움 때문에 아니면 성장하기 위해 내린 결정이었다. 큰 결정이든 작은 결정이든 모두 다. 두려움 때문에 내린 결정은 내게 전혀 도움이 되지 않았다. 두려움으로 결정을 내릴 경우 항상 결정권을 내가 아닌 다른 누군가에게 주었기 때문이다.

아마도 불안감 때문에 두려움에 근거한 결정을 내렸을 것이다. 다른 사람들에게 너무 많은 결정권을 줘버려서 내가 아니라 그들이 내 삶을 통제하게 된 것이다. 반면 성장하기 위해 내린 결정들은 모두 내가 상상할 수 없는 기적을 낳았다. 성장하기 위한 결정은 당신의 몸 안에서 느낄 수 있다. 가슴이 팽창하고, 마음속에서 생각이 우러나오고, 무엇이든 할 수 있다는 느낌, 자유가 팽창하고 있다는 느낌 같은 것이다. 성장하기 위한 결정은 나중에 당신의 인생 이야기가 되지만 두려움에서 비롯된 결정은 후회로

남을 뿐이다.

두려움에서 비롯된 결정은 머릿속에서 느껴진다. '이렇게 하는 게 좋겠어.'라는 생각이 들다가 아니 아니야 하며 금방 다른 생각이 든다. 나는 내 첫 상사 중 한 명이 내게 소리를 질러도 그냥 잠자코 듣고만 있었다. 내가 반박이라도 하면 잘릴까 봐 두려웠기 때문이다.

나는 회사를 상대로 부업을 하고 있었기 때문에 해고당하고 싶지 않았다. 게다가 HBO(당시 내가 다니던 회사)는 내 가장 큰 고객이었다. 나는 회사로부터 신뢰를 받지 못했다. 그래서 고객을 잃을지도 모른다는 두려움 때문에 내 인생의 진정한 성장에 내 모든 시간을 바치지 못했다.

한 번은 돈 한 푼 없는 빈털터리가 될까 봐 겁이 나서 직장을 구한 적이 있다. 나는 그것이 성장하기 위해 내린 결정이라고 나 자신을 납득시키려고 노력했다. 아마도 그 회사에서 성장하고 기회를 만들려고 했을 것이다. 그러나 그 직장에 출근한 첫날, 아무 이유도 없이 보기 좋게 바닥으로 넘어졌다. 모두들 웃으며 "괜찮아?"라고 물었고 나는 금방 일어났다. 나를 바라보는 시선 앞에서 부끄럽고 창피했기 때문이다. 그러나 다리를 너무 심하게 다쳐서 절기 시작했다. 둘째 날, 그 회사 사장이 내게 말했다. "자네 월급을 내게 맡기게나. 우리가 관리해 줄테니." 나는 반박하는 것이 두려웠다. 그가 사장이었으니까.

사흘째 되는 날, 나는 자리에서 일어나 걸어나왔다. 사무실도 정리하지 않았다. 재킷도 그대로 둔 채로. 엘리베이터를 타고 40층을 내려갔다. 나는 태양 속으로 걸어나갔다. 그리고 다시 돌아가지 않았다. 그들에게서 계속 전화가 왔다. 그 사장은 1년이 지난 후에도 전화를 했다.

내 삶은 그 어느 때보다도 좋다. 나는 결코 뒤돌아보지 않았다. 나는 그 건물을 나와 그랜드 센트럴역까지 걸어갔다. 거기서 기차를 타고 80마일을 갔다. 기차가 허드슨 강을 건널 때 나뭇잎이 초록색에서 붉은색으로 변하는 것을 보았다.

집에 돌아와서 블록을 걸어 강가로 다시 갔다. 어떻게, 무엇을, 왜 그랬는지도 모른 채 강가의 공기를 들이마셨다. 몇 달 만에 처음으로 돈에 대해 생각하지 않았다. 그러다 갑자기 내가 더 이상 다리를 절지 않는다는 것을 깨달았다. 이제 다리도 아프지 않았다. 그러나 그 결정 이후 모든 것이 다 잘 되지는 않았다. 아주 끔찍한 일들도 꽤 있었다. 가슴이 적어도 한 번 이상은 찢어졌을 것이다. 돈에 대한 두려움이 자꾸 되살아났다. 그러나 그것은 성장하기 위한 결정이었다. 이후 성장 결정이 조금씩 더해졌다. 그리고 조금씩 조금씩, 과거 어느 때보다도 내 삶을 더 사랑하게 되었다.

고마워요, 내 친구 할머니.

13

스스로 선택하는
사람에게만 주어지는 것

그의 아버지는 알코올 중독자고 어머니는 그가 어렸을 때 매독으로 인한 정신질환을 앓아서 보호시설로 보내졌다. 그는 13살에 학교를 그만두고 서커스에 들어가 돈을 벌어야 했다. 그 이후부터 남을 웃기는 것이 그의 직업이 되었다. 할리우드로 옮긴 후 그의 공연이 어느 정도 성공하자 그가 일하는 영화 스튜디오에 월급 인상을 요청했다. 그러나 그들은 단호히 거절했다. 왜냐하면, 그들이 '갑'이었으니까.

그는 다른 영화 스튜디오로 옮겼고 거기서도 몇 편의 영화가 성공했다. 다시 월급을 올려달라고 요청했다가 미움만 받았다. 가족도 없고 교육도 못 받은 그는 그들에게 끊임없이 '갑질'을 당했다. 결국 찰리 채플린은 스스로 선택했다. 매리 픽포드Mary Pickford, 더글러스 페어뱅스Douglas Fairbanks, D.W. 그리피스 D.W. Griffith와 함께 유나이티드 아티스츠United Artists를 설립했다. 이 회사는 배우들이 만든 최초의 스튜디오였고 뒷날 할리우드 역사상 가장 큰 영화 스튜디오 중 하나가 되었다.

그들은 대본도 직접 고르고 자신들의 영화를 스스로 선택하며 성공을 일궈냈다. 수익도 크게 늘었다. 그들은 수익을 스스로 결정했다. 아무도 그들을 막을 수 없었다. 그들에게는 자유가 있었다. 그들은 세계에서 가장 높은 출연료를 받는 배우가 되었다.

그리고 무엇보다, 그들은 그렇게 하는 것을 즐겼다.

채플린은 배우로서 뿐만 아니라 시나리오 작가, 감독, 작곡가, 사업가로서, 그리고 영화 산업의 모든 면에서 그의 역량을 발휘했다. 그는 매일 자유를 무엇보다 중요시했다. 그를 의심하고 그의 영화를 금지하기까지 한 미국은 말할 것도 없고, 그를 좋아했던 감독들과 업계, 그 어느 곳에도 신세를 지지 않았다. 그는 그들이 자신을 옭아매는 것을 다시는 허용하지 않았다.

사람들은 당신의 자존심 깊숙한 곳에 들어가 당신을 당신의 감옥 안에 가둬놓으려 한다.

성공은 돈만을 의미하는 것이 아니다. 진정한 성공은 매일 만족감을 느끼는 것이다.

만족감은 매일,
우리의 관계를 좋아지게 하며
무언가를 사랑하는 능력을 향상시키며
당신의 자유까지도 향상시킨다.

오늘 나는 옛 친구들과 이야기를 나누었고, 글도 쓰고 창조적이 되려고 노력했다. 나는 동업자들과의 관계도 개선하고 있다. 이 모든 일을 하는 것이 두려움에서 나온 결정은 아니다. 이렇게 하는 것이 내가 성장하는 방법이기 때문이다.

나는 예전에 이렇게 말하곤 했다. "내가 나중에 힘든 상황에 빠지면 그때 나 좀 도와주게." 그러나 아무도 나를 도와주지 않았다. 나는 스스로 빠져나와야 했다. 결과적으로 그것이 나를 더 강하게 만들었다. 관계는 도움 받으려 지속하는 게 아니다.

나는 찰리 채플린에게 창의성과 자유는 스스로 선택하는 자에게만이 주어진다는 것을 배웠다. 하지만 그 길이 늘 행복만을 주지는 않을 것이다. 때로는 고통과 눈물을 수반하지만 그것을 견뎌내게 하는 건 나만의 길을 갈 수 있기 때문이다. 찰리 채플린의 삶을 가장 잘 드러내는 그의 말이 있다. 자신의 삶을 스스로 선택한 자만이 가진 울림이 그의 말에 녹아 있다. 그의 말은 오랫동안 내게 영향을 미쳤으며 나는 이것을 내 삶에 적용했다.

"이 세상에 영원한 것은 없다. 우리의 고통도 마찬가지다."

"나는 빗속을 걷는 것을 좋아한다. 아무도 내 눈물을 볼 수 없기 때문이다."

"웃지 않은 날은 허송한 날이다."

14

체스에서 배운 교훈

체스 덕분에 나는 여자 친구가 생겼고, 대학과 대학원에도 갈 수 있었으며, 돈도 모을 수 있었다. 체스는 내가 회사를 매각하는 데도 도움이 되었고, 이전에는 막혀 있었던 내 주변의 모든 사람들에게 통하는 문을 열어주었다. 하지만 이는 피상적인 것에 불과하다. 정말 한때 몇 년 동안 온 마음을 바쳐 최선을 다한 결과 진정으로 도움을 받았던 것은 다음과 같다.

배우는 방법

많은 이들이 몇 년 동안 체스를 해도 좀처럼 실력이 늘지 않는다. 나에겐 5년에 한 번 정도 만나는 친구가 있는데 그도 체스를 좋아하지만 한 번도 체스를 제대로 연구한 적이 없다. 그는 늘 같은 수를 두며 같은 실수를 저지른다. 그래서 체스를 좋아하고 그만큼 시간을 투자했는데도 실력이 늘지 않았다. 왜 그럴까? 단순히 1만 시간을 투자하지 않았기 때문일까? 1만 시간이라는 시간의 양이 문제가 아니다. 문제는 1만 시간 동안 얼마나 의욕적으로 연습했느냐 하는 것이다. 실력이 늘려면 정식으로 강습을 받아야 한다. 그리고 역사를 공부해야 한다.(1800년대부터 어제까지 모든 위대한 선수들이 했던 게임을 복기해 보아야 한다.)

초반 시작은 어떻게 돼야 하는지 책을 읽으면서 공부해야 한다. 물론 게임 중반(전술과 위치 선정 전략에 관한 책)과 게임 후반(체스판 위에 말이 거의 없을 때 어떻게 돼야 하는지에 관한 문제 풀이 책)에 대한 책들도 공부해야 한다. 더 많은 것을 배우려면 게임에서 기꺼이 져야 할 수도 있다. 사실 이는 다른 어떤 것을 배우는 방법과 크게 다르지 않다. 판매와 경영에서도 수천 건의 사례를 읽고 또 읽고 과거의 중요한 세부적인 것들을 이해해야만 실력이 는다.

지는 것도 방법이 있다

처음 체스를 두기 시작했을 때, 내 실력은 빠르게 향상되었지만, 내 심리 상태는 그렇지 못했다. 나는 내가 재능 있는 천재라고 생각하고 싶었다. 그러나 사실 나는 천재가 아니었다. 재능은 불을 밝히는 불꽃이다. 하지만 불이 계속 켜져 있으려면 끊임없이 연료를 채워주어야 한다. 우리 대부분이 그렇듯이 나도 미약한 재능은 있었을지 몰라도 그다지 특출나지는 않았다. 나는 17살부터 체스를 두기 시작했는데 대부분의 체스 선수들보다 매우 늦은 시작이었다. 하지만 1년도 되지 않아 나는 내가 사는 주에서 가장 강한 고교 선수가 되었다. 그런데 미국에서 가장 뛰어난 코치에게 레슨을 받기 시작한 직후 우리 학교 팀과 시합을 했다가 그만 지고 말았다. 패배했다는 사실이 나를 괴롭혔다. 당시 나는 체스에 몰두해 있었기 때문에 체스는 내게 유일무이하게 중요한 것이었다.

나는 체스 말들을 바닥에 내던지고 밖으로 걸어나갔다. 모두 비웃고 있는 것 같았다. 나는 며칠 동안 학교에 나오지 않았다. 몇 달 후 아버지와 체스를 두었고 또 패배했다. 나는 이미 17살의 다 큰 성인이었지만 막상 패배하자 울고 소리치며 소동을 부렸다. 또 한 번은 이런 일도 있었다. 18살 때 나는 미국 고등학교 챔피언십에 뉴저지 대표로 참가했다. 첫 게임에서는 이겼지만 두번째 게임에서는 졌다. 나는 마치 록스타처럼 호텔 방에 돌아와 닥치는 대로 물건을 집어던졌다. 내가 너무 흥분하자 조부모님들이 차를 몰고 나를 데리러 오셨다. 결국 나는 대회에서 탈락했다. 나는 게임에서 지면 악몽을 꾸곤 했다. 그 게임이 머릿속에서 계속 반복되었다. 내 체스 실력이 전문가 수준이긴 했지만 그렇다고 마스터가 될 정도는 아니었다.

마침내 나는 승패보다는 더 나아지는 데 관심을 두기 시작했다. 나는 내가 진 게임을 연구했다. 내가 진 게임의 기보를 코치에게 가져가서 함께 복기했다. 그렇게 해서 내 실력은 전문가급에서 마스터급으로 발전할 수 있었다. 물론 나는 여전히 지는 것을 좋아하지 않는다. 아니 그 정도가 아니라 무척 싫다. 기분이 최악이다. 그러나 나는 이제 멋진 패배를 헛되이 흘려보내지 않는다. 배울 수 있는 유일한 방법은 이전에 몰랐던 것을 공부하는 것이다. 패배는 당신이 전에 몰랐던 것을 가르쳐주는 지도다.

게임하는 방법

나는 대회가 다가오면 항상 떨렸다. 너무 긴장해서 통증을 느낄 정도였다. 때로는 경기 도중에 패색이 짙어지는 경우도 종종 있었다. 처음에는 패할 기미가 보이면 실제로 대개 졌다. 마치 죽음의 별(Death Star, 영화 스타워즈에 나오는 태양계의 암흑 반성 - 역주)이 내뿜는 강력한 광선에 간힌 듯한 느낌이었다. 패배는 나를 휘청거리게 만들었고, 할 수 있는 일이라고는 내 눈앞에서 내 말들이 죽는 것을 지켜보는 것뿐이었다. 하지만 그 이후로 나는 생각을 바꿨다. 내가 지고 있다는 것을 깨달으면 오히려 더 강해지려고 노력했다. "좋아, 이제부터 시작이야. 상대가 만만히 보지 못하도록 더 까다롭게 둬야지." 그리하여 장고(長考)하는 경우가 많아졌고 더 집중하게 되었다. 나는 모든 변화를 그려 보았다.

구소련 체스 챔피언 알렉산더 코토프Alexander Kotov가 쓴 『그랜드마스터처럼 생각하라』(Think Like a Grandmaster)라는 책이 있다. 그는 모든 변화를 깊이 내다보기 전에 현재 포지션에서 움직일 수 있는 모든 경우의 수(手)(후보수, candidate moves)를 예상하고 각 후보수에 대해 하나씩 그려보라고 조언했다.

나 역시 가능한 한 많은 후보수, 상대방을 혼란스럽게 할 많은 방법, 상대가 겁을 먹고 실수하게 만들 수 있는 여러 가지 방법들을 궁리한다. 나는 형세가 불리할 때 선의의 속임수를 쓰는 법을 배우면서 더 좋은 선수가 되었다. 상대가 다 이겼다고 생각할 때 결정적인 수를 두는 방법이라고나 할까. 그렇게 해서 모든 희망을 사라졌을 때에도 포기하지 않는 법을 배웠다.

편집증 조절하는 법

엄밀히 말하면 체스는 편집증 게임이다. 일단 누군가와 체스 게임이 시작되면 그는 더 이상 당신 친구가 아니다. 그저 당신을 죽이고 싶어 하는 포식자일 뿐이다. 그래서 모든 가능성을 보아야 한다. 그가 날 어떻게 죽이려고 하는지, 내 최악의 시나리오는 어떻게 될 것인지까지도 말이다. 그로부터 한참 훗날에 사람들의 돈을 관리하게 되었을 때에도 나는 항상 최악의 시나리오가 어떻게 될 것인지 걱정했다. 데이트를 할 때에도 최악의 시나리오가 걱정됐다. 나는 편집증이 너무 심했다. 다른 모든 사람이 날 죽이려는 포식자라는 생각을 너무 많이 했다. 모든 사람이 이기적이라는 것은 사실이다. 그것이 살아남는 방법이니까. 나는 그것을 실전에서 연마했다. '좋아, 이건 내가 집착해야 하는 거고, 이건 긴장을 풀어도 되는 거고.' 하지만 때로는 다른 사람이 집착하도록 부추겨야 할 때도 있었다. 다행인 점은 체스가 그 방법을 가르쳐줬다는 것이다.

어른이 되어서도

처음으로 내 나이 또래가 아닌 친구들이 생겼다. 지금 내게는 모든 연령, 모든 인종, 그리고 다양한 경제적 배경을 가진 친구들이 있다. 체스라는 하나의 언어가 우리를 하나로 만들어 주었다. 내가 지금보다 더 나이가 들어도 15살짜리들과 친구가 될 수 있을 것이다. 함께 체스를 하고 게임을 분석할 테니까. 예전에 아르헨티나의 부에노스아이레스에 있는 세계적으로 유명한 체스 클럽에 간 적이 있다. 그곳은 피셔가 세계 챔피언이었던 구소련의 페트로쟌Tigran Petrosian을 이겼던 곳이고 러시아의 알레힌Alexander Alekhine이 쿠바의 카파블랑카Jose Raoul Capablanca를 이겼던 유서 깊은 곳이다.

나는 스페인어를 할 줄 몰랐고 클럽을 운영하는 사람들은 영어를 할 줄 몰랐다. 그런데 같이 있던 친구가 그들에게 내 등급을 알려주더니 바로 날 안내해 주었다. 나는 거기에 있던 아르헨

티나 주니어 챔피언과 즉석에서 경기를 했고, 그곳의 유적을 전부 둘러볼 수 있었다. 나는 어렸을 때부터 체스 선수들이 60년 간 체스 경기를 한 뉴욕 남서쪽 모퉁이의 워싱턴 스퀘어 공원(Washington Square Park)에 가곤 했다.

궁극적으로 나는 일반적인 생활에서는 허용되지 않을 많은 장벽을 넘어 사람들을 사귈 수 있었다. 아마도 이것이 내가 체스에 가장 고마워하는 점일 것이다. 물론 체스뿐만이 아니다. 어떤 일이든 어느 정도 경지에 이르면 다른 모든 장벽들을 대체하는 언어를 구사하는 것과 같아서 같은 취미를 공유하는 다른 사람들의 마음에 직접 다리를 놓을 수 있게 된다.

체스 덕을 톡톡히 보다

모든 사람은 체스 선수들이 똑똑하다고 생각한다. 일종의 문화적 신화다. 그러나 그것은 사실이 아니다. 똑똑한 사람도 있고 아주 어리석은 사람도 있다. 하지만 체스와 아이큐에 관한 이 신화 덕분에 나는 책략적으로 행동할 수 있었다. 내가 대학에 지원했을 때, 내 성적은 매우 나빴지만 면접관이 나보다 낮은 등급의 체스 선수였다. 그래서 나는 인터뷰 시간 내내 그에게 몇 가지 게임 분석을 해주었고 덕분에 대학에 들어갈 수 있었다. 나중에 대학원에 지원했을 때도 다른 모든 대학원에 떨어졌지만 세계 최고의 체스 컴퓨터를 연구하고 있는 한 곳에서만 합격했다.

졸업 후 회사에 지원했을 때에도 나는 모든 면접을 망쳤다. 어떤 질문을 받든 제대로 아는 것이 없었다. 결국 나는 몸에 맞지도 않는 덥고 답답한 양복을 입은 채 밖으로 나가 여자 친구에게 전화를 걸었다. "뉴욕에서 일하기에는 내가 너무 부족한 것 같아." 그리고 나서 옆 공원으로 체스를 두러 갔다. 그곳에는 체스 테이블들이 놓여 있었다. 나는 첫 번째 상대를 이겼다. 그는 막강한 실력의 마스터였다. 게임이 끝나고 고개를 들었더니 상사의 상사의 상사가 지켜보고 있었다.(내가 그 회사에 들어가게 되면 그는 내게 엄청난 영향력을 미칠 것이다) 알고 보니 그도 참가 선수였다. 그가 말했다. "아직껏 일론Ylon을 이긴 사람은 본 적이 없다네." 우리는 체스, 인터넷, TV 등 여러 가지 이야기를 나누며 한 시간 동안 공원을 돌아다녔다. 그리고 나는 그 직장을 얻었다. 그로부터 거의 20년이 지난 후, 그날 공원에서 나와 겨루었던 일론 슈워츠 Ylon Schwartz가 내 팟캐스트에 출연해 포커에 대해 토론했는데 그는 지금 포커 챔피언이다.

체스는 나의 전부였다. 나는 체스를 좋아한다. 물론 내가 그 방면 최고는 아니지만 대부분의 다른 사람들보다는 충분히 더 잘한다. 당신이 좋아하는 것이 어떤 것이든 이런 결과를 얻을 수 있다. 당신이 무언가를 좋아하면 즉시 당신을 보호하기 위한 공동체가 주위에 형성된다. 그러면 당신은 당신 자신보다 훨씬 더 큰 무언가가 될 수 있다.

인류의 진화는 개인의 선택에 의한 것이 아니었다. 인간의 생존은 개인의 역량보다는 집단적 역량에 의해 결정된다. 우리가 한 집단의 강한 일원으로서 집단의 생존을 도울 때, 그리고 집단의 자원을 사용해 개개인의 역량이 더 나아질 때 비로소 우리는 살아남아 번창할 수 있다.

나에게는 체스, 회사, 글쓰기가 바로 그런 역할을 했다. 나는 이제 더 이상 나를 이긴 사람들에게 체스 말을 집어 던지지 않는다. 체스 게임도 더 이상 연구하지 않는다. 글쓰기와 다른 것들에 더 집중하기로 했으니까. 하지만 체스는 내 안에 영원할 것이다.

지금 당장 해야 할 일

- 당신의 플러스를 찾아라.
  우리가 배우는 사람들은 누구인가?
- 당신의 제로를 찾아라.
  우리에게 도전을 부여하는 사람들은 누구인가?
- 당신의 마이너스를 찾아라.
  우리가 가르치고 정보를 공유하고 영향을 줄 사람들은 누구인가?

앞선 세 가지가 없었다면 내 인생에서 단 한 번도 큰 변화를 만들지 못했을 것이다. 이와 함께 내가 매일 체크하는 것이 있다. 나는 오늘 육체적으로, 감정적으로, 창조적으로, 영적으로 1% 향상되었는가? 오늘이 끝나기 전에 이 네 가지를 다 이루었다면 말할 것도 없이 내일은 좋은 날이 될 것이다. 나는 직장을 15번이나 옮겼다. 그리고 그때마다 이 직장이 평생 갈 직장이라고 생각했다. 하지만 그렇지 않았다. 나는 항상 재창조하는 타입인 것 같다. 나는 늘 새로운 분야가 궁금하고 내가 할 수 있는 모든 것을 배우고 싶다.

새로운 분야를 접하고 거기에 흥분하고 모든 것을 배운다. 때로는 여러 분야를 동시에 경험하기도 한다. 어떤 때에는 돈을 벌다가 다른 곳으로 옮기기기도 한다. 그러면서 더 많은 탐험을 한다. 그리고 나는 다시 창조의 길을 찾아 나설 것이다. 인생이 길어질수록 우리는 더 많은 경험을 할 수 있다. 우리는 오늘이 인생의 마지막 날인 것처럼 살 수 있다. 오늘 어떤 보람 있는 일을 할 것인가? 또 영원히 살 것처럼 살 수도 있다. 그러면 세상에서 우리가 사랑하는 모든 것을 배우고 그와 함께 살아갈 시간을 누릴 수 있으니까.

이것이 내가 가고 싶은 길이다. 이 길은 내가 태어날 때부터 가도록 프로그램된 길이 아니다. 또한 특별하고 외로운 길도 아니다. 나는 재창조의 길을 가고 싶다. 내게 재창조의 길은 다음과 같은 의미다. 어떻게 하면 성공에 대한 우리만의 특별한 정의를 개척할 수 있는가, 어떻게 하면 가능한 한 후회하지 않는 삶을 살수 있는가, 또 어떻게 하면 아마추어라는 코드로 성공할 수 있는가.

지난 6년 동안 나는 아마도 2,000개의 기사를 썼고, 우리 삶의모든 분야에서 최고의 성과를 낸 사람들과 수백 번의 인터뷰를했다. 나는 그 지식의 일부를 이 책에 담으려고 노력했다. 또한그 지식들은 내 삶의 방식에도 스며들어 나를 끊임없이 변화시켰다. 재창조의 길은 결코 끝나지 않는다. 오늘이 재창조의 첫날이다.

재창조를 위한 서머리 가이드

A. 재창조는 멈추지 않는다.

당신은 매일 스스로를 재창조한다. 당신은 항상 움직이는 존재다. 단 앞으로 갈 것인지 뒤로 갈 것인지 매일 결정해야 한다.

B. 맨 땅에서 시작하라

당신이 이전에 가지고 있었다고 주장하는 모든 간판은 헛된 것일 뿐이다. 이전에 의사였다고? 아이비리그 출신이라고? 왕년에 백만장자였다고? 가족도 멀쩡했고? 아무도 그런 것에 신경 쓰지 않는다. 지금 당신은 모든 걸 잃었다. 당신은 빈털털이 그 이

상도 그 이하도 아니다.

C. 당신에겐 멘토가 필요하다

이런 상황에서 멘토마저 없다면 당신은 맨 밑바닥으로 떨어질 것이다. 어떻게 움직이고 어떻게 숨쉬어야 하는지 당신에게 가르쳐줄 사람이 필요하다. 멘토를 어떻게 찾을지는 걱정할 필요 없다.(다음을 참조하라)

D. 세 가지 유형의 멘토

1. 직접적인 멘토. 당신 앞에서 자신들이 한 '일'을 보여주는 사람이다. '그 일'이 무엇이냐고? 여기서 잠깐. 멘토들은 영화 〈베스트 키드〉(The Karate Kid)에 나오는 일본 노인처럼 그렇게 친절하지는 않다. 대부분의 멘토들은 당신을 좋아하지 않는다.

2. 간접적 멘토. 멘토십의 90%는 책이나 다른 자료에서 얻을 수 있다. 200~500권의 책은 훌륭한 멘토 한 사람에 버금간다. 사람들은 내게 "어떤 책이 읽을 만한가요?"라고 묻는다. 나는 그 답을 모른다. 권장할 만한 좋은 책이 200내지 500권쯤 된다. 나 같으면 영감을 주는 책을 집을 것이다. 당신의 신념이 무엇이든 매일 독서를 통해 그 신념에 밑줄을 그어라.

3. 모든 것이 멘토다. 만약 당신이 아무것도 없는 상태이고 재
　창조를 하려는 열정을 가지고 있다면 당신이 보는 모든 것
　이 하려고 하는 일의 징표가 될 것이다. 예를 들어 당신이
　나무를 보고 있어도 땅 속의 뿌리와 나무를 자라게 할 지하
　의 물은 보지 못할 것이다. 그런데 그 점들을 모두 연결하면
　컴퓨터 프로그래밍의 징표가 될 수 있다. 당신이 보는 모든
　것의 점들을 연결하라.

E. 어떤 것에 대한 열정이 생기지 않더라도 걱정할 필요 없다

적어도 건강에 대한 열정은 가지고 있을 것이다. 거기서부터
시작하라. 아기처럼 걸음마를 시작한다고 생각하라. 성공하기 위
해 꼭 열정이 있어야 하는 것은 아니다. 당신이 좋아하는 일을 하
면 성공은 자연스럽게 따라온다.

F. 스스로 재창조하는 데 최소한 5년이 걸린다

5년에 대해 설명해 주겠다.

1년차: 모든 것을 닥치는대로 읽고 이제 막 재창조를 시작한
　　　다.

2년차: 누구와 대화를 해야 하고 연결되어야 하는지 알게 되
　　　었다. 당신은 매일 재창조를 하고 있다. 새롭게 노력한
　　　결과 마침내 우리 삶의 게임판이 어떻게 생겼는지 알게

될 것이다.

3년차: 돈을 벌기 시작할 정도가 되었다. 그러나 아직은 생계
　　　를 이어갈 정도는 아닐지 모른다.

4년차: 제법 잘 살고 있다.

5년차: 부자가 된다.

나는 가끔 1~4년차에서 좌절한다. "왜 아직도 행운이 나타나
지 않는 거지?"라고 말하면서 주먹으로 바닥을 치다 손을 다치고
는 대신 코코넛을 바닥에 던지는 해괴한 의식을 치르곤 했다. 뭐,
그래도 괜찮다. 계속 앞으로 나아가라. 아니면 멈추고 새로운 분
야를 선택하든가. 그건 중요하지 않다. 어쨌든 한번 죽으면 다시
재창조하기는 어렵다.

**G. 당신이 재창조를 너무 빨리 하거나 너무 느리게 한다면 뭔가 잘
못하고 있는 것이다.**

구글이 좋은 예다.

H. 돈이 전부는 아니지만 괜찮은 척도다.

"돈이 중요한 게 아니다."라고 말할 때에는 돈 말고 다른 척도
를 가지고 있어야 한다.

"좋아하는 일을 하는 것을 척도로 삼는다면?" 당신이 하고 있
는 일을 좋아하지 않는 날이 더 많을 것이다. 단지 좋아한다는 이

유로 그 일을 한다면 재창조하는 데 5년보다 훨씬 더 오래 걸릴 것이다. 행복은 우리의 뇌에서 오는 긍정적인 인식일 뿐이다. 언젠가는 다시 불행해진다. 뇌는 우리가 사용하는 도구이지, 우리 자신이 아니다.

I. X가 새로운 직장인 경우, "나는 X를 한다!"라고 말할 수 있는 때는?
오늘뿐이다.

J. 언제 X를 시작할 수 있나?
그것도 오늘이다. 당신이 그림을 그리고 싶다면, 당장 오늘 캔버스와 물감, 그리고 책 500권을 한꺼번에 사서 그림 그리기를 시작하라. 당신이 글을 쓰기를 원한다면 다음 세 가지 일을 실행하라.

무슨 책이든 읽고 무슨 글이든 쓰고 당신이 좋아하는 작가가 쓴 좋아하는 이야기를 정확하게 그대로 타이핑하라. 그가 왜 그 모든 단어를 썼는지 당신 자신에게 물어보라. 그가 오늘 당신의 멘토다.

당신이 회사를 창업하기 원한다면, 사업에 대한 아이디어를 구체화하기 시작하라. 재창조는 오늘부터 매일 시작된다.

K. 어떻게 하면 돈을 벌 수 있을까?

3년차까지는 5,000에서 7,000 시간을 투자해야 한다. 그러면 어떤 분야에서든 세계 200~300위권에는 충분히 들 것이다. 거의 모든 분야에서 상위 200위면 생계를 유지할만 하다. 3년차 이후부터는 돈을 버는 법을 알게 될 것이다. 4년차가 되면 회사의 규모가 제법 커져서 충분히 생계를 유지할 만큼 돈을 벌 수 있을 것이다. 그러나 어떤 사람들은 4년차에서 멈춘다.

L. 5년차가 되면 상위 30-50위권에 올라 부자가 될 수 있다.

M. '그것'은 무엇인가? 무엇을 해야 하는지 어떻게 알 수 있는가?

당신이 하고 싶은 것이 어떤 분야든 그 분야에 대해 500권의 책을 읽어라. 서점에 가서 관련 책을 찾아보라. 3개월 후에 지루해지거든 다시 서점으로 가라. 그 분야에서 좌절한다 해도 괜찮다. 그게 바로 실패라는 것이다. 물론 성공이 실패보다 낫지만 가장 큰 교훈은 실패에서 나온다. 중요한 것은 서두를 필요가 없다는 것이다. 재미있는 삶을 살아도 여러 번 스스로 재창조하게 되는데 그 과정에서 몇 번이고 실패하기 마련이다. 하지만 그것도 재미있다. 이렇게 해온 재창조가 많이 모이면 당신의 삶은 교과서가 아니라 하나의 이야기책이 될 것이다. 자신의 삶 이야기가 교과서처럼 되기를 원하는 사람들도 있다. 하지만 좋든 나쁘든 나의 삶은 이야기책이다. 그것이 매일 재창조가 일어나는 이유다.

N. 오늘의 선택은 내일 당신의 전기(傳記)에 수록될 것이다.

재미있는 선택을 하면 당신의 전기도 재미있어질 것이다.

N1. 오늘의 선택은 당신의 전기에 수록될 것이다.

언제? 바로 내일.

O. 내가 성서 고고학이나 11세기 전쟁 같은 잘 알려지지 않은 역사를 좋아한다면?

위의 단계를 모두 반복하면 이런 일을 해도 5년 후에는 부를 쌓을 수 있다. 물론 우리는 이 분야에서 어떻게 해야 하는지 전혀 모른다. 하지만 아직 첫 번째 단계에 있으면서 그 길의 끝을 알려고 하지 마라.

P. 가족이 내가 회계사가 되기를 바란다면?

가족에게 그렇게 하겠다고 얼마나 오랫동안 약속해왔는가? 10년? 아니면 평생? 그럼 다음 생까지 기다려 보라. 그러면 당신 스스로 선택할 수 있을테니까.

가족보다 자유를 택하라. 선입견이나 정부보다 자유가 먼저다. 다른 사람을 기쁘게 하는 것보다 나자신을 우선해야 한다. 진정한 기쁨은 거기에 있다.

Q. 나의 멘토는 내가 자기 방식대로 하기를 원한다.

괜찮다. 그의 방식을 먼저 배워라. 그런 다음에 당신 방식대로 하라. 단 존경심을 가지고 해야 한다. 다른 사람에게 총 맞지 않으려면 먼저 그의 방식을 따르는 것이 좋다.

R. 내 배우자는 내가 재창조에만 매달리면 먹고 사는 건 누가 책임지느냐고 걱정한다.

그렇다면 7일을 청소부로 일하고 여가 시간을 이용해 재창조를 하라. 재창조하는 사람은 늘 여유 시간이 있다. 틈틈히 짧은 시간을 모아서 당신이 원하는 대로 활용하는 것도 재창조의 일부다.

S. 내 친구들이 내가 미쳤다고 생각하면 어쩌지?

어떤 친구들이 그런 어리석은 생각을 한단 말인가?

T. 내가 우주비행사가 되고 싶다고 생각한다면?

그건 재창조가 아니라 특정한 직업일 뿐이다. 만약 당신이 '우주 공간'을 좋아한다면 많은 직업들이 있다. 리처드 브랜슨도 우주비행사가 되기를 원했고 그래서 버진 갤럭틱을 창업했다.

U. 내가 술 마시고 파티하는 걸 좋아한다면?

1년 후에 이 글을 다시 읽어라.

V. 남편이나 아내 몰래 바람을 피우거나 파트너를 배신하느라 바쁘다면?

2~3년 후 당신이 빈털터리 실업자 신세가 되어 아무도 당신을 좋아하지 않을 때 이 글을 다시 읽어보라.

W. 만약 내가 전혀 기술이 없다면?

B를 다시 읽어라.

X. 대학을 졸업하지 못했거나 전공이 쓸모없는 거라면?

B를 다시 읽어라.

Y. 만약 내가 빚이나 담보 대출을 갚느라 정신이 없다면?

R을 다시 읽어라.

Z. 왜 나는 늘 외톨이처럼 밖에서 안을 들여다보는 느낌이 드는 걸까?

앨버트 아인슈타인도 밖에서 안을 들여다보는 '왕따'였다. 기득권 사회에서는 아무도 그를 고용하지 않았다. 모든 것이 거짓이라고 느껴지는 순간이 있다. 창의성의 가장 높은 형태는 회의론에서 비롯된다.

AA. 나는 500권의 책을 다 읽을 수 없다. 영감을 얻으려면 어떤 책을 읽어야 할까?

차라리 포기해라

BB. 병에 걸려 재창조를 할 수 없다면?

재창조는 세로토닌, 도파민, 옥시토신 등 신체의 모든 건강한 화학물질을 활성화시킬 것이다. 계속 앞으로 나아가라. 그러면 건강해질 것이다.(물론 그렇지 않을 수도 있다) 중요한 건 건강을 평계로 삼지 않는 것이다. 내 말은 당신의 건강을 먼저 재창조하라는 것이다. 몇 시간 더 자고 더 잘 먹고 열심히 운동하라. 이런 것들이 재창조의 핵심 단계들이다.

CC. 내 마지막 배우자마저 나를 괴롭혀서 상대를 고소해야 한다면?

법정 다툼을 멈추고 다시는 그 사람을 생각하지도 마라. 문제의 절반은 그가 아니라 당신이었을 테니까.

DD. 내가 감옥에 가게 되면?

재창조를 할 수 있는 완벽한 기회다. B를 다시 읽어라. 그리고 감옥에서 책을 많이 읽어라.

EE. 내가 부끄러움을 많이 타는 사람이라면?

약점을 강점으로 삼아라. 내성적인 사람들은 더 잘 듣고, 더 잘 집중하며 더 사랑받는 방법을 안다.

FF. 내가 5년을 기다릴 수 없다면?

앞으로 5년 동안만 살 생각이라도 오늘부터 시작하는 편이 낫다.

GG. 네트워크를 어떻게 구축하나?

당신을 중심으로 동심원을 만들어라.

다음 원은 친구와 가족이고

그 다음 원은 온라인 커뮤니티이고

그 다음 원은 사람들과 만나 커피를 마시는 것이다.

또 그 다음 원은 선구적인 사상가들의 회의에 참석하는 것이고 그 다음 원은 멘토고

그 다음 원은 당신의 부를 만들어주는 고객들이다.

이런 식으로 원을 통해 당신의 길을 만들어 나가는 것이다.

HH. 내가 하는 일에 자만심이 생기면 어떻게 될까?

6~12개월 후면 B로 돌아올 것이다.

II. 두 가지 일에 열정적이어서 결정을 내릴 수 없다면?

그 둘을 결합하면 당신은 그 분야에서 세계 최고가 될 것이다.

JJ. 내가 배우고 있는 것이 너무 좋아서 다른 사람에게도 가르치고 싶다면?

유튜브에서 할 수 있다. 일단 한 명의 청중으로 시작해서 청중이 늘어가는지 보라.

KK. 잠자는 동안에도 돈을 벌고 싶다면?

4년차가 되면 당신이 하는 일을 아웃소싱하라.

LL. 멘토와 선구적인 사상가를 어떻게 만날 수 있나?

(100~200권의 책을 읽고 나서) 일단 충분한 지식을 갖추게 되면 20명의 잠재적 멘토들에게 10가지 아이디어를 써 보내라. 누구도 답장을 주지 않을 것이다. 새로운 멘토 20명에게 10개의 아이디어를 더 적어 보내라. 이렇게 매주 반복하라.

답장해 주지 않은 모든 사람들을 위해 뉴스레터를 만들어라. 누군가 답장을 해줄 때까지 계속 반복해라. 그동안의 학습 노력을 기록한 블로그를 만들어라. 당신이 전문가가 되어 커뮤니티를 구축하라.

MM. 그렇게 많은 아이디어를 낼 수 없다면?

그럼 아이디어 내는 것을 계속 연습하라. 아이디어 근육도 쓰지 않으면 위축된다. 그 근육을 계속 키워야 한다. 매일매일 연습하지 않으면 허리 굽히기를 했을 때 손끝이 발가락에 닿기 어렵다. 손끝이 발가락에 쉽게 닿으려면 매일 조금씩이라도 연습해야 한다. 첫날부터 좋은 생각이 떠오르기를 기대하지 마라.

NN. 그 외에 어떤 책을 읽어야 하나?

책을 다 읽었으면 웹사이트, 포럼, 잡지 등을 계속 읽어라. 하지만 그 대부분은 쓰레기다.

OO. 하라는 대로 다 했는데 별 효과가 없으면?

효과가 있을 것이다. 기다려라. 매일매일 재창조를 계속하라. 길의 끝을 찾으려고 하지 마라. 안개 속에서는 그것을 볼 수 없다. 하지만 바로 다음 단계는 볼 수 있다. 계속 다음 단계를 밟다 보면 결국 그 길의 끝에 이르게 되리란 걸 깨달을 것이다.

PP. 의기소침해지면?

하루에 한 시간 동안 침묵하고 앉아 있어라. 핵심으로 돌아가야 한다. 만약 이 말이 어리석게 들린다면 그렇게 하지 말고 그냥 의기소침한 상태로 있어라.

QQ. 침묵하며 앉아 있을 시간이 없다면?

그러면 두 시간 동안 침묵하며 앉아 있어라. 이것은 명상이 아니다. 그냥 앉아 있으라는 것이다.

RR. 두려움에 빠지면?

하루에 8~9시간 자고 남에 대해 험담하지 마라. 수면은 건강을 위한 최고의 비결이다. 거듭 말하지만 수면이 유일한 비결이라는 뜻이 아니라 최고의 비결이라는 뜻이다. "나는 4시간만 자면 된다."라거나 "우리나라에서 잠을 오래 자는 것은 게으르다는 뜻이다."라고 말하는 사람들도 있는데 글쎄, 그런 사람들은 일찍

감치 실패하고 젊어서 죽을 것이다.

험담 좀 하면 어떠냐고? 뇌는 생물학적으로 150명의 친구를 갖고 싶어 한다고 한다. 당신이 남의 험담을 즐긴다면 친구 한 명과 함께 있을 때 다른 150명에 대해 험담하게 될 것이다. 만약 친구가 150명이 안 된다면 당신의 뇌는 스스로 150명의 친구가 있다고 생각하게 될 때까지 가십성 잡지를 읽고 싶어 할 것이다. 그러니 당신의 뇌처럼 멍청하게 굴지 마라.

SS. 여전히 아무 효과가 없는 것처럼 느껴진다면?

하루에 10분씩 감사하기 연습을 하라. 두려움을 억누르지 마라. 분노를 의식하라.

당신이 가진 것들에 감사하라. 분노는 영감을 주지 못하지만 감사는 우리에게 영감을 준다. 감사는 당신의 세계와 모든 창조적인 아이디어가 존재하는 평행 우주(Parallel Universe, 자신이 살고 있는 세계가 아닌 평행선 상에 위치한 또 다른 세계 – 역주)를 잇는 가교다.

TT. 늘 내 개인의 헛소리와 싸워야 한다면?

새로운 사람들을 가까이 하라. 스스로 재창조하는 사람은 끊임없이 자신을 쓰러뜨리려고 애쓰는 사람을 찾는다. 우리의 뇌가 재창조를 두려워하는 것은 그것이 안전하지 않다고 생각하기 때문이다. 생물학적으로 뇌는 우리가 안전하기를 원하기 때문에 재창조를 위험한 것으로 간주한다. 그래서 뇌는 당신을 저지하려는 사람을 당신의 길 앞에 가져다 놓는다.

그러니 뇌가 하는 일에 "안돼"라고 말하는 법을 배워라.

UU. 평범한 일반 사무직이 마음에 든다면?

행운을 빈다.

VV. 왜 내가 당신을 믿어야 하는가. 당신은 여러 번 실패한 사람인데?

나를 믿으라는 것이 아니다.

WW. 내 멘토가 되어 줄 의향이 있는가?

이 책을 드디어 다 읽으셨군.